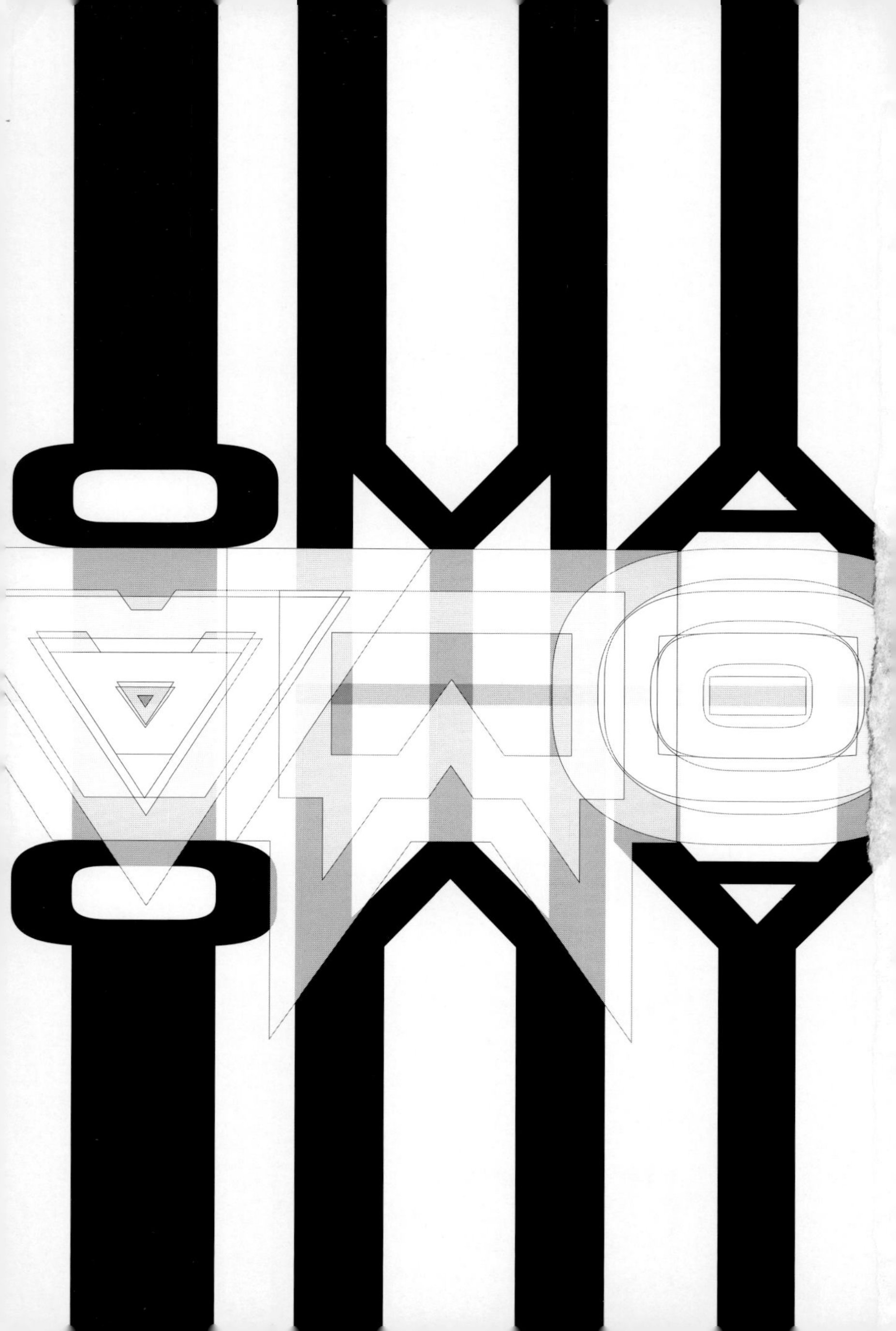

Considering

Rem Koolhaas

and

the **O**ffice for **M**etropolitan **A**rchitecture

WHAT IS OMA

レム・コールハースとOMAについての考察

ヴェロニク・パテヴ（オランダ建築博物館出版）＝編

橋本啓子＝訳

TOTO出版

Considering Rem Koolhaas and the Office for Metropolitan Architecture
WHAT IS OMA
Compiled and Edited by Véronique Patteeuw

WHAT IS OMA

CONTENTS

第III部

AREA［領域］

序文

伝統的な建築批評において、ＯＭＡのプロジェクトは称賛されるか、非難されるかのどちらかである。称賛されるのは決まって、ＯＭＡの作品がもつウィットや都市に対する新たな視線、あるいは社会に対する責任という潜在的要素を再活性化する視点や、彼らがネオ・モダン的な見地から形式主義を回避している点である。他方、非難の矛先が向けられるのも大抵、そうした形式主義の回避の姿勢であるか、あるいは彼らが手掛ける諷刺画のようなダイヤグラムや安っぽい、不恰好ともいえる建築である。これらの評価がＯＭＡの個々のプロジェクトの要素であることはおそらく否定できない。だが、そのいずれもコールハースの建築が世界中において最も論議を呼び、影響を及ぼす存在となった理由を真に解き明かしてはいないのだ。[1][2]

近年、建築と都市計画に関する議論は、レム・コールハースによるプロジェクトや調査、彼が発する言葉を抜きには行われなくなったといえよう。コールハースとOMA（Office for Metropolitan Architecture）は、現代の世界中の建築に測り知れない影響を及ぼしている。しかしながら、一部の関係者を除けば、ほんの一握りの人々しかOMAの作品の領域を理解していないことも事実である。レム・コールハースとOMAが有する地位と意義をめぐるこうした状況を熟慮し、本書は構想されるに至った。『WHAT IS OMA――レム・コールハースとOMAについての考察』は、レム・コールハースの多面的な作品の分析を通じて、彼の主要なテーマを洞察し、OMAの大いなる意義の解明を試みる書である。

レム・コールハースの作品を丹念に分析すると、建築が単に環境を築くことを超えた存在であることが、極めて明白なものとなる。『S, M, L, XL』はコールハースの著作の中でも最も高い評価を受けている書物であるが、コールハース自身によれば、それは「建築についての小説」であり、「現代都市についてのエッセイやマニフェスト、日記、おとぎ話、紀行文、瞑想の輪廻」の集積であるという。[3]『S, M, L, XL』はもとより、この著作を引き継ぐものとして手掛けられたすべてのプロジェクトと調査は、建築が包含する広範な領域と、建築の調査に見いだされる様々な相互作用の領域とを明白に示すものである。

ＯＭＡの衝撃が広範囲に及んでいることから、コールハースが率いるこの設計事務所は、哲学や社会学、経済学、文学といったほかの専門領域においても有意義な存在となっている。したがって本書の作成は、まず建築以外の分野で活躍する執筆者を探すことから始められた。哲学者のバルト・フェルスハフェル、著述家のマシュー・スタドラー、ブルース・スターリング、イアン・ブルマ、キュレイターのオクウィ・エンヴェゾー、そして、著述家兼ジャーナリストのＨ・Ｊ・Ａ・ホフラントは、各々の専門に関連する視点からＯＭＡの作品を解明している。それらの解明は、個人的な見解に照らし合わせつつも、常に批評的見地に立ってなされたものであることに疑いはない。これらのエッセイを補足するかたちで、アーロン・ベツキーとニール・リーチは、建築批評とその理論の見地からの分析を試みている。本書に収められた多様なエッセイは、個々のプロジェクトについての描写というよりも、各プロジェクトの相互的なつながりや、プロジェクトと社会的、経済的発展との連関性についての分析となっている。

本書は、ＯＭＡの多様な視点を「軌跡（Orbit）」「方法（Method）」「領域（Area）」の3つのセクションに大胆に分類する構成を取っている。各セクションは順に、ＯＭＡが有する重要性、手法、多様な関心事を柱として編集された。第1の「軌跡」は、コールハースが建築家の役割に付与した新たな意味や、彼とオランダとの複雑な関わり、ＯＭＡの建築がオランダの伝統的な建築に及ぼした影響についての考察である。第2の「方法」は、OMAの作品の視覚的・美学的役割について、現代の文化という視点から分析するものである。ここではコールハースの活動が、今日アーバニズムと称されるものの残骸を調査するというその姿勢において、民族誌学者や人類学者の活動に例えられている。最後の第3の「領域」では、OMAの作品を、「現実」の概念との関わりにおいて検証する。この「領域」のセクションでは、OMAによる最初の建築についての議論を通じて、理論的議論と建築的実践との関係性が言及される。OMAの分身として近年設立されたAMOの活動は、とりわけ「ヴァーチャル」なものに傾倒しているが、ここでは、こうしたAMOの活動についての議論も展開されている。

本書は、多彩な執筆陣が提示する様々な意見、背景、文化、文章スタイルの混交となっているが、その一方で、コールハースによるいくつかの特定のプロジェクトや概念が、あたかも本書全体を紡ぐ見えざる糸として存在することも否めない。『錯乱のニューヨーク』、「ジェネリック・シティ」、「ビッグネス」、「ベルリンの壁という建築」については、本書の多くのエッセイが言及しており、それらは論じる視点の差異にかかわらず、コールハースの作品を語る上で不可欠な要素であり続けている。また数多くのマニフェストや文章、著作、エッセイが参照されていることも、コールハースの執筆活動の意義を示しているといえるだろう。「書くこと」が建築の実践において特別な地位を占めるだけでなく、単なる記述を超えた役割をも担っているという事実は、若き日のコールハースについて言及している下記の引用にも明らかである。1960年代に『ハーグス・ポスト』紙の記者であり、実験映画のグループ「1,2,3,…」のメンバーでもあったコールハースは、多くの人々と同様、オランダの著述家ヴィレム・フレデリック・ヘルマンスの影響を受けていた。

「ところで、ヘルマンスにとって『ジャーナリズム的なもの』と『文学的なもの』との差は、ジャーナリストは大衆が考えることを書くが、小説家は大衆が考えることに異論を唱え、大衆がわざわざ考えないようなことに注目させる、という違いである……その意味でコールハースはジャーナリストというより小説家に近いだろう。[4]」

コールハースの内に潜む小説家は、彼を取り巻く現実を把握すべく、人を驚嘆させるようなシナリオを書き続け、それを通じて現実を解釈し現実に対処する。こうした側面は、明らかにOMAの作品の独自性を物語るものであり「建物を建てる技術」に過ぎないという、建築についての一般的な概念を超えるものなのである。

ヴェロニク・パテヴ

(オランダ建築博物館出版　編集者)

1▼ ＯＭＡの作品がきわめて高い評価を得ていることは、あらゆる判断基準において明らかである。たとえば、コールハースが重要なプロジェクトのコンペの参加者に頻繁に指名されていること、彼の著作の人気度、彼自身が登場する機会の頻度とその人気度、ＯＭＡの作品を模倣する学生の数、専門家による模倣や著作権侵害、偽造、贋造の頻度、コールハースにあからさまに対抗する建築を手掛ける建設者の憎悪の感情、彼から影響を受けたことを公言する有名、無名の建設者たちの数などが判断基準となる。

2▼ Jeffrey Kipnis, 'Recent Koolhaas,' *El Croquis*, no. 79, 1996.

3▼ Rem Koolhaas, *S, M, L, XL*, New York/Rotterdam, 1995.

4▼ Bart Lootsma, 'Now switch off the sound and reverse the film ...', *Hunch* 1, 1999.

フランス新国立図書館
（フランス、パリ、1989年）
Très Grand Bibliothèque, Paris, France

013

カーサ・ダ・ムジカ
（ポルトガル、ポルト、1999-2004年）
Casa da Musica

カーサ・ダ・ムジカ
（ポルトガル、ポルト、1999-2004年）
Casa da Musica

019

ヴィラ・ダラヴァ
（フランス、サン・クルー、1984-91年）
Villa Dall'Ava

CCTV | 中国中央電視台本社ビル
（中国、北京、2002-08年竣工予定）
CCTV

CCTV｜中国中央電視台本社ビル
（中国、北京、2002-08年竣工予定）
CCTV

エデュカトリアム
（オランダ、ユトレヒト、1992-97年）
Educatorium

¥€$の支配体制
（1991年）
The Regime of the ¥€$

Aaron Betsky

Michael Sorkin

H.J.A.Hofland

Jean Attali

Ian Buruma

第I部

ORBIT

[軌跡] 建築領域におけるOMAの位置とその意味、重要性について考察するセクション。
OMAの設立の経緯や現在の地位、
未来像について書かれたエッセイを収録。

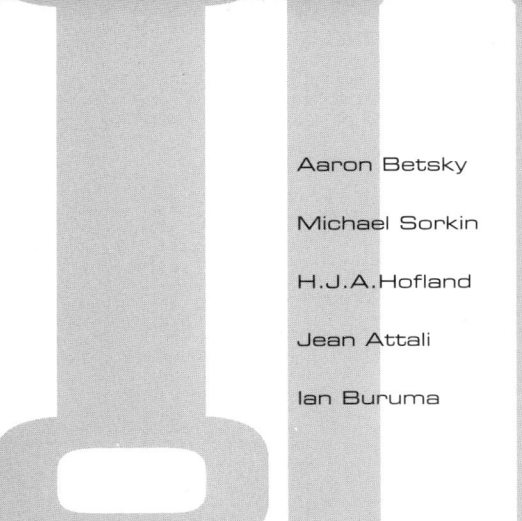

レム・コールハース：モダニズムの氷山の内部にあるマンハッタンの炎

アーロン・ベツキー
Aaron Betsky

「¥€$の支配体制」と「暫定的な空間」に逆らって、美しいフォルムからの甘いささやき声や大規模開発の経済の誘惑に逆らって、レム・コールハースは、無数のイメージという武器を誇らしげに振りかざす。決して自らが資本主義に呑み込まれることには納得せず、マージナルなアヴァンギャルドの旗手となることにも目もくれず、彼はマスメディアの渦の中に飛び込んだ。そして建築の歴史的規律そのものの中に、微妙ではあるがまったく別の立場を打ち立てる方法を見いだしたのだ。その立場は、後期モダニズムにおける重要な地位を確立することを可能にする。すなわち神話のつくり手、操作人、データに憑かれたイメージを映し出す鏡としての建築家のポーズをとる立場である。

近年は、建築家の作品と同様に、建築家の立場も論議の対象となる。それは、実際に建てるのが困難であることや、建築家が流行に振り回されるためではない。我々の社会においては、批評文を書く仕事であれ、商品を売ることであれ、大企業を組織することであれ、あらゆる仕事の成功が、生産されたものへの依存よりも、抽象化が進む経済・社会システムの中で人々が一瞬にして理解し、記憶することができるブランディングやデザイナーの定番スタイル、サウンド・バイト（ほんの短いメッセージ）、イメージなどの混合に依存しているためである。[1]

皮肉にも、我々の文化における建築家のイメージは、ヒップ（最高）とヒレイシャス（最悪）の間を揺れ動いている。時に建築家は、最も洗練された装いをしたシックな都会の化身として、会議や製図台や建物の敷地の間を駆けずり回り、建物の外見のアレンジ（調整）のようなことをする。ハリウッドの映画やテレビのシリーズに登場する建築家のイメージが語るように、彼が建てたものは大抵、建物自体が不運にでも見舞われない限り、重要視されはしない。超高層ビルであれ住宅であれ、通常は、彼が（こういう建築家は常に男性である）設計したものなど誰も知らないのだ。前面に押し出されているのは、アレンジャーのイメージなのである。[2]

建築家が実際に行った結果とともに生きなければならない者にとっては、建築家のイメージはまったく逆である。近隣の活動家のグループにとって、建築家は大概、資本主義に従順であるばかりか、その横柄な奴隷と化した人物である。この奴隷は、意気揚々として何ら関わりのない場所に巨大な建物を押し込み、風や陰影や占有的な景色をつくる傍ら、騒音や交通量を悪化させるなど、生活の質を低下させるようなありとあらゆる現象を生じさせる。クライアントにとっても、建築家のイメージがこれより良いわけではない。彼らの目には、建築家は総じて、大物女性歌手のようなアーティストに映る。つまり、彼が建てた建物の中に住み、それとともに生活せざるを得ない者たちの費用を使って、自らの目的を遂行する人物なのだ。そして建築家は常に予算を超過し、予定より竣工を遅らせるだけでなく、しばしば使いづらく、快適ではない建物を建ててしまうのである。

建築界そのものにおいては、建築家は犠牲者として見なされる。なぜなら建築家は完璧な世界という夢を追求する傍ら、できるだけ安く処理して欲しいというクライアントの欲望をかわしたり、物分かりの悪い大衆に優れたデザインの重要性を教える努力をしたり、さらなる完璧性を目指して際限なく働いたり、安易な解決策を拒否したりしなければならないからだ。低賃金と超過勤務に加え、アーティストとして見なされないばかりか、ビジネスマンのような尊敬を受けることもない。したがって、建築家は自分自身を、彼が構築を迫られている現実世界と、真に自分が構築したい机上の城の間のどこかしらで、永遠に思い悩む存在であると感じるのである。

このような、建築家に対する2通りの認識と建築家自身の自己認識という3要素は、少なくとも19世紀半ば以降（それよりはるか以前にさかのぼらなければ）、建築家を拘束してきたものである。だが、コールハースと彼の同時代の幾人かの建築家たちは、これに新たに別の要素をつけ加えた。すなわちイメージの意識的なコレクター、操作人、投影者としての建築家の要素である。このような建築家はユーザーやクライアント、近隣の住民からの批判を多分に免れられないとはいえ、彼らはそうした批判基準によっては判断され得ない実践を行ってきた。そして、そうした建築家が半ば颯爽としたビジネスマンとして、あるいは半ばアーティストとして、自らを演じ、世界中を飛行機で移動するというイメージもまた、彼らによって自意識的な構築物へと変容させられたのだ。さらに、ほとんどすべての建築家と同様、彼ら自身も真に理解されないこと、あるいは良い仕事を依頼されないことに不満を抱くわけだが、彼らの率いる事務所が意識的に定めた使命は、建物を建設することに限られなかった。このような建築家は、善かれ悪しかれブランドになるものと同時に、決定的に自らのスタイルと分かるものをつくり出してきたのである。[3]

コールハースの仕事は数多くの課題からなる。最初の課題は、20世紀後半の都市の神話を書く（あるいは描く）ことである。[4] ふたつ目の課題は、主に視覚的用語を用いて、ポスト・アーバン、ポスト・ローカルな21世紀の都市における集塊のイメージ、あるいは、メトロポリスのイメージを組み立てることである。3つ目の課題は、建築家としての自らのイメージを、歴史的なタイプの建築家像および新たに提案した別の未来的な建築家像の両方を意識的にあわせもつイメージとして、投影することである。この3つ目の課題を成し遂げる際に、コールハースは、自分自身のために新しいモデルを用いたり、引き寄せたりする（しばしば、それらを拒絶したりもする）。それらのモデルは、サーファーや、プラグマティックな哲学者、あるいはミニマリストである都市の遊牧者のために服をデザインするファッションデザイナーであったりする。結局のところ、彼がこれまで設計した建物が成功作であるか否かということよりも（もっとも、その多くは傑出しているが）、彼がこのように巧みに、無意識的にバランスを取ることを通じて、新しい建築家像の構築に関わったことの方が、建築の未来に対する貢献としては大きいかもしれない。

コールハースが構築してきた彼自身の歴史的背景は、ふたつの一見矛盾する衝動に駆られたものである。そのひとつは、極めて暗示的な方法でアーバニズムを要約し、形づくり、称揚することを成し得るヒーロー建築家としてのコールハースの物語である。もうひとつの衝動は、彼が建築の基礎をフォルムではなく分析や予測に置いているために、取り憑かれたように統計的データを収集することである。コールハースは、そのキャリアの初期において、すでにこのふたつの傾向を包含するイメージを見いだしていた。すなわち「マンハッタニズムという炎を内部に抱えるモグニズムの氷山」である。[5] そのイメージにおいて、マンハッタンが表象するのは、都市生活の神話や悪臭を放つシチューとしての人間の文化、天国と地獄の境目のどこかしらにある人工的な世界、すなわち、高揚させられた我々の身体であった。他方、モダニズムとは我々の精神であり、データに依拠する洗練された王国であり、ミース・ファン・デル・ローエをして「ほとんど無であるもの」と呼ばせたものへと向かわせる合理性と秩序なのである。

コールハースの作品のうち、建築の英雄的神話のための標準的典拠となったものは、彼の最初の著作『錯乱のニューヨーク』である。同書においてコールハースは、我々が現在ニューヨークの本質であると感じるものに形を与えたのが、途切れることなく現れた建築家たちであったと主張する。これらの建築家たちは、古典的な建築の修業はもとより、ビジネスのやり方も会得しており、同時代の社会的慣行に通じ、新たな都市というものに対するヴィジョンも抱いていた。コールハースの目からみれば、このことは単なる摩天楼の尖塔たちの熾烈な競争ではなく、人類がつくり出したあらゆる世界を、天国への階段が聳え立つグリッドのブロックという、多目的な領域に濃縮したものにほかならない。その濃縮は、クライスラー・ビルやエンパイア・ステート・ビルで完璧を極めた後に、ロックフェラー・センターという都市戦略に転じ、第二次大戦後の時代には、国連本部ビルのようなプロジェクトの激発を招いた。『錯乱のニューヨーク』が暗示するのは、その所産としてのフォルムが今や世界中に点在し、各々、大恐慌以前のヒーロー建築家世代の真の継承者たちによって拾われ、組み直され、存続させられるべき段階にきているということである。同書の最後に付された理論的なプロジェクトや、その後にロンドンとロッテルダムで試みた計画は、コールハース自身がその継承者であることを明確に主張したものであった。[6]

こうしたイメージには利点があった。すなわち建築とは社会、経済、フォルムの凝縮装置であり、その装置は、最終的には実用的なプランニングの中に解消されると説くモダニストの信念と、そのようなモダニストの骨組みにポストモダニストが着せようとした、特定の意味をもつ外形とを結合させたことである。さらにコールハース風の建築家たちは、施工者の長（master builder）としての自意識によって、自らのモデルを英雄的人物たちに求めた。それら英雄的人物の世界は、合理的でもなく、虚構の世界でもなく、まさしく神話的な世界であった。すなわち現実の人間よりも巨大で、道徳観に縛られることもないが、名状しがたい目的をもち、彼ら自身がつくり出す崇高なイメージによって我々を納得させる人物たちだったのである。

こうしたメトロポリス神話は、過去に存在した場所や支配者のイメージよりも、神話そのもののつくり手と結びつくが、それ自体は決して新しいことではない。ニューヨークの場合は、伝記作家ロバート・カロによってロバート・モーゼスを中心とした神話がつくられた。[7] ジョルジュ・ウージェーヌ・オスマン卿のパリ計画や、カール・フリードリヒ・シンケルのベルリン計画にも神話的なものがまとわりつく。[8] 新しい点は、ポータブルでパッケージ化も可能というメトロポリスの本質を、コールハースが抽出したことにある。それはコンパクトで葛藤に満ちた、グラマラスで退廃的な都市のイメージであり、タワーで空を突き刺し、グリッド状に拡がり、目に見えない様々な用途によって画定され、共有の文化によって一貫性を与えられた都市であった。それは結局、世界中のどこにでもつくり得る都市である。この非ユートピア的な、多分に抽象的な都市という神話が、コールハースの最も偉大な発明であることは、今でも変りはない。「マンハッタンというメトロポリスはある神話的な到達点を目指す。すなわち、世界が完全に人間の手によってつくり上げられ、それによって世界が絶対的に人間の欲望と一致するような点を目指すのである。このメトロポリスは麻薬的効果を及ぼす機械である。それ自体が逃れる手段を提供してくれぬ限り誰もそこから逃れることはできない……。[9]」

コールハースは、とりわけ1988-94年の〈ユーラリール〉のプロジェクトにおいて、このマンハッタニズムの方向性を幾らか継続することに成功した。その一方で、彼は1995年にこの神話の叙事詩的なバイブルである大著『S, M, L, XL』の作成を成し遂げる。[10] この書物では、神話的な建築の物語が部分的に語られ、その趣旨に沿うかのように、英雄的人物が時折、古代の神々の如く裸体となって登場する。分厚いボリュームと非物語的なスタンス、魅力的な装丁（グラフィックデザイナーのブルース・マウによる演出）によって同書は、冷戦による葛藤の時代に生きた世代の建築家が最も参照すべき本となっている。すなわちその時代においては、経済不況が新たな政治的、社会的、経済的構造の台頭を招き、その構造こそが、コールハースが信奉した、断片化された英雄的なモダニズムを必要としたのである。

この点において重要視すべきことは、コールハース自身がスタイルというものを意識的に避けていたことである。このような考えは、彼の建物の視覚的な外見や触覚的に直接感じられる部分が、大勢の共同制作者たち（ペトラ・ブレーゼ、ヨープ・ファン・リースハウト、マールテン・ファン・セーフェレンなど、枚挙に暇がない）の手にその多くが委ねられていたこと、さらに過去に彼が雇った人物や学生たちの作品が、コールハース自身によるプロジェクトに少しでも類似していれば、これを拒否するといったことを通じて実践されたのである。▼11 また彼の建物は、非実体的なものを志向すると同時に、適切とされる構造上の特性を備えることを拒絶した。その拒絶方法はモダニストの還元主義のそれとは異なり、適切とされるものを無効にし続け（彼は、「金のないところに、ディテールはない」と発言して有名になった）、期待されるものを打ち壊し続けることであった（壁の中にスライドする床、床と床の間をスライドする部屋など）。さらに彼は――ここでもまた、意識的に行ったか否かは不明であるが――、いわゆる良い趣味のカノンとされるものに照らし合わされた場合、醜いと判断され得るものをつくることを試みた。つまり贅沢な素材で覆われるべきものにゴムやプラスチックを使ったり、頭でっかちの建物のような、均衡性を欠いた形を採用した。同様に、彼が行う陳述もつかみ所のないものであり、決してほかの運動と同調することなく、それらから批評的な距離を保とうとする。良い趣味や許容されるもののコンセンサスの範疇に決して自らの建物を置くことをせず、代わりに、内的な首尾一貫性と外的な関連性を与えて有意義なものにすることで、彼は自らの建物を現実化の縁の上で永遠に揺れ動きながら立つような、じれったいイメージとして存在させることに成功したのである。▼12

この複雑で、曲芸の連続のような行為は、期待という束縛からこの建築家を解放するのに必要なものであり、そうでなければ、彼は期待に捕らわれるがままになっていた可能性もある。このような行為を可能にしているのが、コールハースがデータに依存し続けているという事実である。キャリアの初期において、コールハースはニューヨークの地域計画協会を初めとする様々な機関で学び、さらに建築家が社会、経済に関するデータを収集し、操作するというオランダの伝統を吸収した。その伝統とは、工業化とともに、あるいは工業化を通じて、次に来るべき段階に到達するというバウハウスの理想を目指したグループが創始したプランニングプロセスであった。その後、それはオットー・ノイラートのユニバーサル・サイン・ランゲージに代表されるグラフィック上の合理化の試みと深く結びつき、第二次大戦後には建築家コルネリス・ファン・エーステレンによって広く知られるようになる。ファン・エーステレンによるアムステルダムの拡張計画およびイユセルメールの新しい干拓地の計画においては、フォルムそのものが、オランダの様々な機関によって収集されたデータによって決定されたことになっていた。この収集という概念自体は、少なくとも16世紀にさかのぼるほど長い歴史をもつが、戦後には「創造可能な文明化」という信念の下に、その実践は頂点に達する。分析と予測は、プランナーたちに4年計画あるいは5年計画のような限られた枠の中で、産業と資本を活用させるよりも、オランダという国の「空間構成」を方向づけ、指導し、形づくることにそれらを役立てる可能性を切り開いたのである。▼13

もちろん、このような努力を行ったのはオランダだけではない。ドイツでデータ収集への熱狂が頂点に達したのは第二次大戦中であった。当時、ヒトラーのお気に入りの建築家アルベルト・シュペーアは、ベルリンの未来像に向けて英雄的なフォルムを生み出すことから、強制収容所への輸送手段を整えることへと、難なく移行した。というのも、このふたつのプロジェクトに通底していたのが、「ほとんど無であるもの」――すなわち、計り知れないほど巨大で抽象的な建物、あるいは大量虐殺――をつくり出すために、データを統合する能力だったからである。これほど忌まわしい例ではないが、戦後のアメリカにおいても、スキッドモア、オーイングズ&メリルといった建築家たちが、まさしく情報のコーディネーターとなった。彼らは、自らの完成作をまさにイメージ的なもの、あるいは合理的なプランニングとして提示したのである。コールハースが描く戦前のニューヨークのイメージにおいては、グリッドは多様な形を伴って反発し合うフォルムの発生機であった。今ではそれは、単にコーポラティズム国家（政府と経済界が協調して政策決定する体制）を表す記号に過ぎなくなった。

コールハースは、彼がモデルとする建築家として、モジュラー計画よりも英雄的なフォルムを支持したウォレス・K・ハリスン[14]やヒュー・マースカント[15]を挙げている。だが、コールハース自身の初期の作品は、アムステルダム北部の住宅建設における建物に見られるように、プランニングプロセスを大きな拠り所として形づくられている。1980年代には、恐らく〈ユーラリール〉プロジェクトでの挑戦的な試みの結果として、コールハースは自ら調査を手掛けることを開始した。次第に彼の調査は加熱し、プランニングに必要な人口データや計量経済学的なデータといった通常のデータはもちろんのこと、彼自身が飛行機の中で過ごした時間のデータまで収集されていった。これらのデータは、グラフィックデザインによって形を与えられることになる。それは第二次大戦以前に用いられていた手法であり、その後オランダではデータイメージングという伝達形式が失われていたが、コールハースのオフィスには、最初はブルース・マウによって、後にマイケル・ロックによって、その手法がもたらされた。ふたりとも意識的にその手法の伝統に注目していたのである。[16]

グラフィックデザインや、統合されたデータのイメージ化においては、イメージが何か別のものに変換されたものというより、単にデータそのものを収集、整理し、抽象的に翻案したものと見なされていた。このことは建築には不本意ながらフォルムを生じさせる義務があるという考えを解毒するものとして、コールハースの目を開かせた。フォルムとしてのデータは、それがアメリカのグリッドであれ、住宅建設を生み出すオランダの「干拓地」であれ、すでにひとつの記号――一般にあまり良くは思われていない記号――、すなわち、官僚主義を表す記号となっていたのだ。しかし巧みで明瞭なグラフィックデザインを通じて、データは再び英雄的なものとなった。それはエル・リシツキーの《赤い楔《くさび》によって殺された白の四角》にも似た性質をもち得るものだった。まさにそのフォルムは、政治的なものと見なされたのである。[17]

視覚的な批評手段としてのアジテーションおよびプロパガンダの再発見は、ティボー・カルマンを初めとするアメリカのデザイナーや、ハルト・ヴェルケン&ヴィルト・プラッケンなどのオランダのグループによってなされ、その後エドワード・タフトとリチャード・ソール・ワーマンの理論を通じて体系化された。[18] タフトとワーマンが特に強調したのは、グラフィックデザイナーが情報を伝えるのに最も有効とされる方法のいくつかであった。こうして、ひとつの新たな視覚的言語が生み出されたが、それは「マンハッタニズムという炎を内部に抱えるモダニズムの氷山」と同義であるとともに、その裏返しでもあった。つまり客観的かつ精密なデータ収集とその分析についての情報は、図表とサンセリフ（ひげ飾りのない書体）を用いたテクストによって伝えられた。すなわちそれはホットメタル（金属活字による植字法）とボールドの（太字の）フォルムによって表象されたのである。

コールハースはこの方法論を採用し、改変することで、建築自体が3次元的なグラフィックデザインとなるような建築をつくり出した。それはデータに溶解されるか、もしくはデータ上をサーフィングするといった方が正しいような建築であった。フォルムがミースのいう「ほとんど無であるもの」に還元させられた背景には、建築史に内在するロジック（そこでは、建築と絵画と彫刻とが、大いなる抽象主義のロジックを共有している）と、経済の合理化がもたらした皮肉な影響力（つまり、経費のかかる多彩なフォルムの需要を減らし続けたこと）というふたつの要素が存在する。では、そのように還元させられた後、フォルムには一体何が起きるのか――コールハースは、まさしくこの問いに対する答えを、3次元的なグラフィックデザインとしての自らの建築に見いだしたのである。1990年代初頭に明らかな始まりを告げた情報化時代においては、建築が重要な要素となっていた。建築家は情報を収集するだけでなく、情報自体のロジックに見合った方法でそれを具現化することができた。建物はもはや、かつてそれらの建設を導いた情報の墓場ではなく、データの継続的な操作と管理を可能にする開放的な構造になったといえよう。このような開放的な構造は、継続的でほぼ不可視なものであり、データ操作が自然に生み出すものと、電子メディアがもたらす浮遊する映像の中に構造自体が浸ることで初めて認識され、視覚的秩序をもたらすものであった。そのような構造こそ、パリの〈ジュシュー図書館〉やカールスルーエの〈ZKM:アート・アンド・メディア・テクノロジー・センター〉といった、コールハースの主軸となるプロジェクトが欲した夢にほかならない。このことは決してこれらの建物が、非空間的であるという意味ではない。実際、コールハースとOMAが1992年（この年に、ロッテルダムの〈クンストハル〉が完成した）頃から手掛け始めた複雑な構造は、抽象性を実態として直接感じられるものにするための重要なステップとなっている。それはまるで、同じ時代を生きる「サイバー・パンク」フィクションが、人類が膨大かつ豊かなデータの王国をクルーズするという夢を、これらの建物ブロックに見つけたかのようでもある。

それはまた、建築家がもはや単なる建物デザイナーではないことも意味する。1996年、コールハースは、彼の会社の支配的利権をエンジニアリング関連の大企業に売却した。それにより彼にとって建物をつくるということは、雇われコンサルタントの立場で何かをするという行為となった。この直後に彼はOMAの名をひっくり返したAMOを立ち上げ、自らの手になる独立したリサーチプロジェクトを強化する。AMOは当初、ハーヴァード大学での彼の教授活動と連携していたが、すぐにコンデ・ナスト・マガジン社のコンサルタント業[19]およびヨーロッパ経済共同体へのリサーチへと展開した。[20] それらのコンサルタント業の中核を成していたのは、まさに情報がフォルムとなる方法であった。

活動の範疇もまた、香港のような都市をどちらかといえば伝統的な手法で分析することから始まり、いわゆる普通の建築家が「何かをする」よりもはるかに守備範囲を超えた広範な地域（珠江デルタ全域）[21]や、現象（ショッピング）[22]の分析へと拡げられていった。

コールハースは、インフラストラクチャーの脆弱さや欠如を見いだして、そのような欠点を解消するシステムを提案するといったことは一切行わなかった。彼が主に行ったのは、一見無秩序に見える統計的資料や、ショッキングで驚くような細部の情報を撮影し、収集することであった（例えば珠江デルタに建設された高速道路の本数[23]、その高速道路の所有者でロバート・ヴェンチューリが設計したプリンストン大学施設の建設資金をも提供した香港人のビジネスマンについて[24]、ラゴスの自主運営によるマーケットなど。これらすべてが、非線形のフォルムをまとった一貫性を有する概念の実現化として写真に記録された[25]）。

講演や書籍、記事、さらには商品さえも——例えば、ヨーロッパ経済共同体のために新たに提案されたブランド。それは加盟国家の国旗を圧縮したデザインだが、バーコードにも似ている——AMOの指導のもとにプロデュースされた。それらの明確で簡潔なイメージは、グラフィックデザインを建築的なサーフィン（ネットサーフィン）というべきもの、あるいは、サーフィンのかたちをとる批評行為へと高めた。コールハースは今や、歴史やその種の事象を構成するものに関する知識を用いてそれらを分析し、そうして得た新たな知識あるいはデータを、グラフィックという不安定かつヴァーチャルなフォルムに反映させる人物となったのだ。リチャード・サール・ワーマンのいう「情報アーキテクチャー」とポスト・ベッヒャー派の写真家らによるネオ・リアリズムのイメージ[26]との狭間で絶えず方向転換を計りながら、コールハースは情報の建築をプロデュースし始めたのである。

しかしながらコールハースは、そのようなデータを神話に適合させるべきだという考えを決して放りっ放しにしたわけではない。時折彼は、それ以前にも増してエキゾチックで危険な地域（ラゴス、ナイジェリアなど）の分析を通じて、さらには決して明言はしないが、別の立場を示唆するような、様々に解釈可能で魅惑的な批評行為を行うこと（「あらゆる暫定的な空間は暫定的である」「¥€$の支配体制」）によって、そのような神話の位置づけを模索していたように思える。今や世界中で最も有名かつ成功した建築家となった彼は、モダンな建築家が、何らかの建築的実践に専念することなしに、いかにして神秘的でいられるか、という考えの縁に立って揺れ動いていたのである。

このジレンマに対する答えは、プラダのファッションハウスというかたちでやってきた。かつて毛沢東主義者であったミウッチャ・プラダと、後期資本主義者のベンチャー複合企業家である彼女の夫のために、コールハースは建物や分析というより、ファッションが流れる導管のようなものを生み出した。最初に、彼はこのプロジェクトを自らのリサーチの継続として位置づけ、ショッピングのパターンに関するデータを収集した。そして、実験的な素材やフォルムに対する彼の関心でもって、そのデータと、データをグラフィックに変換させたものとを組み合わせた。出来上がったものは、ひとつの不動産戦略の提案であり、視覚的なヴォキャブラリーであり、ひと揃いのモジュラーディスプレイシステムであった。コールハースはまた、彼と同等に強力で著名な建築家たちであるヘルツォーク＆ド・ムーロンを招聘した。彼らと共同で実際の建物を手掛けることで、プラダを世界中に広めることを可能にする開放型システムの制作に取り組んだ。この特異な構想の数々をつなぎとめていたのは、プラダ自身が自ら意識していた、退行的なミニマリズムである。それは、同社のクラフトや、すぐにプラダであるとわかるイメージに見いだされる、効率的かつ合理的なデザインの土壌となっていた。プラダ風というライフスタイルは、肯定的でグラフィックな外見をもつ純粋なミニマリズムであった。それは世界中を巡り歩くシンボル分析者にとってのユニフォームであり、欲望という地点で情報が交差する様を人類に示す完璧なサインだったのである。しかしながら、これと同様に重要であったのが、商品のコストとプラダがそれらの商品から搾取した過剰な利益とが、完全に遊離していることであった。ハイファッションの世界においてさえ、プラダのその不均衡ぶりは目立っていた。▼27

無尽蔵に思える資金と意識的なミニマリズムの保持、高水準のクラフト、さらに一連の建物としてこの世界を構築し、それを批評的なものにしたいという彼らの欲望によって、コールハースはこの作品に、究極的なモダンライフの造作物のポーズをとらせることにした。彼は自分自身や同種の人間を着飾らせ、世界中をさまようポスト・アーバンな遊牧者の部族や経済システムにかたちを与えただけでなく、今度はイメージ自体の内部で生じるあらゆる作用に対する批評行為を行ったのである。じきに彼は、プラダのための広告をデザインするようになり、モスクワの赤の広場で売られていたプラダの偽物のイメージや、プラダのファッションショーに群がる人々を撮影した写真から、実際に登場したモデルを消したものなどを使った。[28]「ライフスタイル」という用語は、「ブランディング」という用語とともに、あらゆる空間や商品、イメージが、永久性や継続性、本来的価値を欠いていることを表す言葉であろう。そうした欠如は、世界中で絶えずデータが縦横無尽に行き来する情報化時代によってもたらされたのである。[29]ここでは、その「ライフスタイル」が建築と化したのだ。したがってマンハッタンの炎は、モダニストのファッションモデルの氷山の内部で燃え尽きたか、あるいは都会の遊牧民たるすべての人々の代理を務めたコールハース自身の内部で、燃え尽きたのである。ライフスタイルというブランディング作業が神話をつくり出したわけではないが、代わりにその作業自体が神話的な活動となったのである。

そして、今はどうなっているのか。プラダは少なくとも現時点では、彼らのデータのバブルがはじけたように内側から破裂している。「近年、我々は風変わりな形をつくることに執着していたようだ」とコールハースの所員のひとりは語る。それではコールハースは結局、「図書館」〈シアトル公立図書館〉や「コンサートホール」〈カーサ・ダ・ムジカ〉や「放送局」〈CCTV：中国中央電視台本社ビル〉を、人々がすぐに彼の建物であると分かるような形に「単に」デザインするだけの、伝統的な建築家になりつつあるのであろうか。というのも、それらの建物は生成段階においては各々に異なり、論理づけられたものでありながら、フォルム上の共通点が認められるからである。[30]

そうはいっても、コールハースを簡単に片づけてしまうわけにはいかない。コールハースは、現在活動するメジャーな建築家たちの中でも、ポスト・アーバン的な状況に則した建物ブロックを提示することに唯一成功した建築家である。ポスト・アーバン的な状況においては、ひとつにまとまった文化を構成する重要な要素が、次から次へと世界中に分散した後、各々が浮遊する不安定なイメージとなって現れる。そのような状況において、建築に対して問われるのはもはや建物のことだけではない。データの圧縮としてのフォルムが、非実質的（モダニスト）であるとともに魅惑的（マンハッタニスト）であるがゆえに神話的となることが、問われるのである。そして、それこそがコールハースが数十年にわたって有している能力であり、彼はそれを洗練させ、発展させ続けている。彼は建築を無へと消滅させることなしに、建築を場所から、そのつくり手から、そして素材から解放した。彼は特定のモダンなアーティストと同様、イメージを構築する。なぜなら、イメージこそが、ますます不可視のものとなって電線の中を走り、銀行のヴァーチャルな口座の中に鎮座するパワーに意味を与えるからである。もはや物質的な所有物や空間に価値が存在しない時代においては、インテリジェントシステムを通じて価値を付加し、除去すること、さらにはその価値をイメージとフォルムを通じてリアルなものにする能力こそが、建築おいて最も賞賛されるべき点であると認識される。それらは組み合わされることで、流行がもつはかなさの性質と神話がもたらす圧倒的な力をもつのである。その神話の力こそが、我々の周囲に渦巻くイメージやデータ、過酷な肉体的、経済的暴力の嵐の中で我々自身が生き残ることを可能にする。レム・コールハースは、建築のイメージを用いることによって、誰もが納得するようなイメージの建築を生み出してきたのである。

1 このような状況においては、建築家は単に「アイデンティティの提案者」の集団の一員に過ぎず、対象となる顧客グループのために、場所やコミュニティの意義（それが束の間のはかないものであっても）を確立する手助けをする。そして「スター建築家」は、そのような対象や地域的なものに関わることから這い上がり、グローバルな「ブランド」あるいはイメージのつくり手として、メディアスターたちと張り合うのである。残念ながら、こうした経済状況における建築の立場を十分な根拠のもとに記述したものは現時点では見当たらない。グローバル経済と情報産業の立場については、Saskia Sassen, *The Global City: New York, London, Tokyo*, New York 2001.を参照。ブランディングについては、Herbert Meyers and Richard Gerstman(eds.), *Branding@the Digital Age*, New York 2002.を参照。現在の経済状況における「シンボルの分析者」の役割については、Robert Reich, *The Work of Nations: Preparing Ourselves for 21st Century Capitalism*, New York 1992.を参照。

2 以下の文献を参照。Andrew Saint, *The Image of the Architect*, New Haven 1985; Dana Cuff, Architecture: *The Story of a Practice*, Cambridge, Mass 1992; Judith R. Blau, *Architects and Firms: A Sociological Perspective on Architectural Practice*, Cambridge, Mass 1984.

3 コールハースが自分自身をどのように認識しているか、周囲が彼をどのように認識しているかについて最も正確に描写したものに、Arthur Lubow, 'How Architecture Rediscovered the Future', *The New York Times Sunday Magazine*, 18 May 2003. がある。

4 ここでいう神話とは、おとぎ話の構成法として確立されたものに類した構成を用い、イコン的な登場人物や時間、場所を変節させることで、時空の外側に存在する世界を描く、物語的な記述である。その世界では、今の現実世界において妥当とされる道徳観やほかの判断システムが、必ずしも意義をもつとは限らない。そのように描かれた世界は、ひとつの文化を是認するか、あるいは変容させる物語として機能する。以下の文献を参照。Eleazar M. Meletinsky, *The Poetics of Myth*, translated by Alexander Sadetsky and Guy Lanoue, New York 2000; Northrop Frye, *Myth and*

Metaphor, Charlottesville, VA 1992.（邦訳はノースロップ・フライ著、ロバート・D・デナム編、高柳俊一訳『神話とメタファー——エッセイ1974-1988』法政大学出版局、２００４年）

5▶ Rem Koolhaas, *Delirious New York: A Retrospective Manifesto for Manhattan*, Oxford 1978, p.171.（邦訳はレム・コールハース著、鈴木圭介訳『錯乱のニューヨーク』筑摩書房、１９９５年、２１２ページ）同時代のニューヨーク建築を別の視点から考察したものについては、Robert A.M. Stern, Gregory Gilmartin and Thomas Mellons, *New York 1930 : Architecture and Urbanism between the Two World Wars*, New York 1987. を参照。他に言及に値するものとして、ニューヨークが神話化された都市となる過程を描いた多くの小説が挙げられる。それらの小説の視点はコールハースのそれに近しい。例として以下の小説がある。Mark Halprin, *A Winter's Tale*, New York 1984; Steven Millhauser, *Martin Dressler*, New York 1999.（邦訳はスティーヴン・ミルハウザー著、柴田元幸訳『マーティン・ドレスラーの夢』白水社、２００２年）

6▶ 同上書、*Delirious New York*. ＯＭＡ設立直後の時期の彼の建築を記述したものについては、David Block(ed.), *OMA: Rem Koolhaas Architecture 1970-1990*, New York 1996. を参照。

7▶ Robert A. Caro, *The Power Broker: Robert Moses and the Fall of New York*, New York 1975.

8▶ 以下の文献を参照。John Zukowsky, Birgit Verwiebe and Kurt Forster(eds.), *Karl Friedrich Schinkel 1781-1841: The Drama of Architecture*, New York 1995; David P. Jordan, *Transforming Paris : The Life and Labors of Baron Haussman*, Chicago 1996.

9▶ Rem Koolhaas, *Delrious New York*, p.293.（邦訳はレム・コールハース著、鈴木圭介訳『錯乱のニューヨーク』筑摩書房、１９９５年、３６８ページ）

10▶ Rem Koolhaas, *S, M, L, XL*, New York/Rotterdam 1995. この大著は「建築は、全能と不能の危うい混合である」という発言から始まる。

11 ▶ 以下の文献を参照。Bernard Colenbrander and Jos Bosman(eds.), *Reference: OMA: The Sublime Start of an Architectural Generation*, translated by Victor Joseph, Rotterdam 1995.

12 ▶ 良い趣味の至上性に疑問を投げかけ、中流階級の趣味の否定や啓蒙的態度から生じた価値の否定をその批評的出発点とする戦略を模索しているのは、コールハースだけに限らない。そうした価値感に対抗する「形成されていない」価値観を称揚する最近の文献には、以下のものがある。Yve-Alain Bois, *L'Informe: Mode d'Emploi*, Paris 1998; Lesley Hall Higgins, *The Modernist Cult of Ugliness: Aesthetic and Gender Politics*, New York 2002.

13 ▶ 以下の文献を参照。Vincent van Rossem, *Het Algemeen Uitbreidingsplan van Amsterdam: Geschiedenis en Ontwerp*, Rotterdam 1993, pp. 100ff. この仕事と近年の建築家の世代との関係は、バルト・ローツマが分析している。彼による最近の著述としては、Bart Lootsma, 'What is (Really) To Be Done,' in Véronique Patteeuw (ed.), *Reading MVRDV*, Rotterdam 2003, pp.24-63, pp.37-41. がある。

14 ▶ 以下の文献を参照。Victoria Newhouse, *Wallace K. Harrison, Architect*, New York 1989.

15 ▶ 以下の文献を参照。Michelle Provoost, *Maaskant*, Rotterdam 2003.

16 ▶ 最近の20-30年間におけるオランダのグラフィックデザインについて優れた批評的分析を行ったものは見当たらない。それを概観したものについては、Kees Broos and Paul Hefting, *Een Eeuw Grafische Vormgeving in Nederland*, Amsterdam 1993. を参照。最近のグラフィック作品の概観については、Ramon Prat and Tomoko Sakamoto (eds.), *HD: Holland Design New Graphics*, Barcelona 2001.を参照。

17 ▶ グラフィックデザインとプロパガンダの関係の分析については、Wolfsonian（アメリカ、マイアミビーチ）発行の *Journal of Popular Culture* 誌において継続的に論じられている。また以下の文献も参照。Robert Philippe, *Political Graphics: Art as a Weapon*, New York 1982. ブルース・マウがいかにこの伝統を用いたかについては、Bruce Mau, *Life Style*, London 2000. を参照。

18 ▶ Edward R. Tufte, *Envisioning Information*, New Haven 1990 and *The Visual Display of Quantitative Information*, New Haven 2001; Richard Saul Wurman, *Information Anxiety*, New York 1989（邦訳はリチャード・サール・ワーマン著、松岡正剛訳『情報選択の時代』日本実業出版社、１９９０年）and *Envisioning USA*, Newport, RI 1999.

19 ▶ これについては *Wired Magazine*, June 2003. を参照。

20 ▶ European Union and Brussels as Capital, AMO study, 2002.

21 ▶ Rem Koolhaas et.al. (eds.), *The Great Leap Forward*, Cologne 2002. を参照。

22 ▶ Rem Koolhaas et.al. (eds.), *The Harvard Guide to Shopping*, Cologne 2002. を参照。

23 ▶ 同上書21。

24 ▶ この有料道路のデベロッパーであるゴードン・ウーは、彼の名を冠したホールをプリンストン大学に寄贈した。

25 ▶ Lagos Documentary, 2002.

26 ▶ この派の主要なメンバーにはアンドレアス・ガースキーやトマス・シュトゥルートなどがいる。

27 ▶ Rem Koolhaas (ed.), *Projects for Prada Part 1*, Milan 2001.

28 ▶ Prada Sport Advertisement Campaign, AMO, 2002.

29 ▶ 「ライフスタイルというブランディング」の影響の拡がりについてはナオミ・クラインによる以下の文献が最も良く知られている。Naomi Klein, *No Logo*, New York 2000.（邦訳はナオミ・クライン著、松島聖子訳『ブランドなんかいらない――搾取で巨大化する大企業の非情』はまの出版、２００１年）また以下の文献も参照。Thomas Klein, *The Conquest of Cool: Business Culture, Counterculture, and the Rise of Hip Consumerism*, Chicago 1997.

30 ▶ これらのプロジェクトの最近の概説については、Rem Koolhaas (ed.), *Content*, Köln 2003. を参照。

多少の組み立てが必要です。

マイケル・ソーキン

Michael Sorkin, Some Assembly Required, Minneapolis, 2001, p.VII.

最近、建築とグローバリゼーションについての討論会に、パネリストとして参加した時のことだ。私は、自分の右側に座っているオランダ人の言葉に耳を傾けていた。彼は、この地球における文化を巨大な波にたとえ、それに対処する建築上の戦略として、波頭に乗るサーファーのイメージを提示した。このイメージは、問題をはぐらかす魔力をもつようにも見えるが、「波」という比喩はまったくの見当違いであり、構築された文化という現実を、自然の力に見せかけることでしかない。スプロール化における甚だしい均質性——すなわち、グローバル資本によるアーバニズムのことである——に対抗する手段として、私の同胞は、それに真っ向から反発することよりも、その波に乗ることによって、それを世界全体が逃れ得ないものとしてでっち上げたのだ。

自然に名を借りたこのような空想の物語を、我々の属さない巨大な自律的なネットワークとして、ふたたび盗用しようとする彼の考えは、皮肉にも自分たちが自然環境に対して及ぼした影響を、つまり自らの支配的な行動に対する自然の脆弱性を、我々自身が必死になって突き止めようとしている時に現れたのだ。地球温暖化や生態系と生態環境の急速な消滅、地球規模の環境汚染、建設環境の危機的な均質化。それらは皆、あるひとつの世界の兆候にほかならない。我々はそれが放つ威厳に畏怖し、呆然としてその世界の外側に身を置くこともできなければ、おのれ自身をその世界に存在する単なる一種族と見なすことさえできない。

私の同胞たるパネリストの見解は、非常にロマンチックで、いわばポスト・テクノロジーの崇高性を熱望するものである。彼にとってグローバリゼーションの猛烈な波及は、単に不可避のものであるばかりか、それ自体がフォルムに深く刷り込まれる美的なものの権威となっているのだ。そのような「ジェネリック」なアーバニズム、つまり「波」の建築が象徴するのは、避けようのなかった過失である。すなわち、自律的に成長し続けるひとつの状況にほかならない。その状況は、高速道路や空港、高層のオフィスビルやフェンスを張り巡らせた高級住宅地、マクドナルドやケンタッキー・フライド・チキンなどを無限につくり出しているのだ。サーファーを用いた認識論は、媒介物の存在、すなわち責任の所在に関わる問題を巧みに放棄することで、最近のこうした普遍的傾向に迎合しているのである。

ハンディキャップというアイデンティティ

H・J・A・ホフラント

レム・コールハースは私の最大の発見のひとつである。この幸福な出来事は1978年に起こった。当時、私はニューヨークに滞在しており、ブルックリンハイツに近いモンタギュー通りの端にある、大きな古いホテルに住んでいた。現在、このホテルは宗教団体であるエホバの証人の所有となっているが、当時そこは消え失せつつあったその優美な雰囲気の最後の輝きの中にあった――擦り切れたスーツを着た老紳士が仕切るフロント、階段の吹抜けにある老朽化したエレベータの箱、そして、どの部屋にも最新の給湯と暖房の設備が備わっていたが、陶器でできた部分は、茶色のひびだらけのモザイクになっていた。モンタギュー通りのもう一方の端はバロー・ホールという地下鉄の駅だった。急行の3番の地下鉄に乗って2、3分もすれば、チェンバーズ通りの駅に着き、そこで各駅停車に乗り換えればキャナルやシェリダン・スクエア、ミッドタウンに10分ぐらいで行けた。私自身、この大都市の公共交通システムの効率の良さはいくら賞賛しても仕切れないほどである。

地下鉄の中では誰もが何かを読む。私は『ニューヨーク・レビュー・オヴ・ブックス』を読んでいた。その号には、『錯乱のニューヨーク』を評した長い文が掲載されていた。評者は時折、懐疑心も覗かせてはいたが、概ね絶賛と驚きに満ちた称賛の態度が優勢であった。この詳細なレビューは私の好奇心をくすぐった。それは私の同国人についての文であり、誇らしい気持ちになったからだ。私は中道派として許される範囲での愛国主義者であり国粋主義者なのである。この『ニューヨーク・レビュー・オヴ・ブックス』で数ページも割かれるような本を書いたのは、一体どんなオランダ人なのだろうか。私はその本をドルトン・ブックストアで買い、ワシントン・スクエア・パークまで歩いて行き、読み始めた。秋の初めの憂鬱な朝だった。初秋、つまりニューヨークでしか経験できない最もゴージャスなインディアン・サマー（初秋の暖かい日）だ。都市や人々や戦いについての本は、それが舞台となっている場所で読むに限る。想像力が一層ふくらむからである。第一次大戦の本であれば北フランスで、ナポレオンの本であればモスクワで、マンハッタンの本であればマンハッタンで読むのが一番である。

この本のプログラムは、序章の8行目で明快に述べられている。「マンハッタンは20世紀のロゼッタ・ストーンである。」これは、解読のためのプログラムである。そして、次のページにはこう書かれている。「マンハッタンの建築とは、過密の活用のためのパラダイムなのだ。」多くのアーティストが、各々のやり方でマンハッタンを診断してきた。私がはっきり好きだと認めるものはソール・スタインバーグのものである。彼は、自分の天才的な能力を発見する前に建築を学んでいた。彼はとりわけマンハッタンを好んで描き、住人が建物から吐き出されてくるような蟻塚として、それを描いた。エンペラーホテル。素朴なブルジョアが夕食をとっている写真。破れた黄色い麻の袋に身を包み、路上にいるか、さもなければ靴箱型の建物と並んでいる人々。観察の目にさらされたマンハッタンである。コールハースが論じる過密の視点を読むにつれ、スタインバーグの視点が思い出される。今日、私は序章と最初の章を再び読んでいる。この文章のところでふと立ち止まる。「マンハッタンとは、あり得るかもしれないが決して起こることのない災厄の集積である。」直感と預言を区別する意識は存在しないのだ。

再び25年前に戻る。私の『錯乱のニューヨーク』の読書は、コニーアイランドの章に入った。3つのエピグラムが本文の前に記されている。どれも優れた詩だが、一番良いもの、つまり、最後に記されているマクシム・ゴーリキーの詩を引用しよう。「地獄の作りはまことにお粗末だ。」そして私は、我を忘れて読み続けた。例のパリの凱旋門を小さくしたような門の横にあるベンチで、ふたりのホームレスの間に座って。私はコニーアイランドに行ったことがなかった。そこで、地下鉄に乗り、荒れ果てた都会と化しているイースト・ニューヨークを横断した。木造の家、電柱の列、レンガ工場、貯水塔、ぬかるみ、くず鉄の集積場。今では「モダニティ」と称される幻想的な都会の空き地、もしくは荒地である。

終点に着いた。巨大な洞窟のような駅だった。そこでもやはり、おぼろげにもやのかかった秋の日の光が差し込んでいた。サーフ・アベニューで右側を振り向いたら、石を投げれば届く距離に、超現実的な構造が見えた。大きなローラーコースター「サンダーボルト」のレールと梁である。そこから、ピットブル犬が護衛をする、さびれて活気のない機械仕掛けの遊園地に沿って、5分も歩けばブロードウォークに出る。ブロードウォークは高架式の木造の並木道で、浜辺と海の境界線を描くように走っている。私は、そこのベンチで『錯乱のニューヨーク』の第1部を読み終えた――緻密にデザインされ、論理的に遂行された狂人たちの夢を、再現した叙述である。彼らが夢を実現させていた頃、ロシアでは前衛主義者が反乱を企て、実行していた。フィリッポ・トマソ・マリネッティは、レースカーへの執着を発展させていた。マルセル・デュシャンは自転車の車輪を椅子に固定した。ダダとシュルレアリスム（超現実主義）に向けての前進は、加速化の初期段階だった。同じ頃コニーアイランドは、大衆的なシュルレアリスムを開花させる段階に達していた。それを凌駕したものはいまだに存在しない。

私は本を読み、周囲を見回した。そこはかつてルナ・パークが広がり、ドリームランドもあった場所だ。カエル跳び鉄道の桟橋もそこに浮かんでいたのである。死すべき運命にある人間たちが、創造主とこれほど激しく競い合ったこともかつてなかったであろう。彼らの唯一の目的は、自然の法則を停止させることによって、料金を払った観客を神が創出したもうひとつの世界から完全に解放することであった。コールハースが引用したゴーリキーの別のエピグラムを言い換えるならば、そこでは人間が自分の影を剥ぎ取られていたのである。コニーアイランドほどシュルレアリスムという言葉が、その文字通りの意味に近いかたちで存在する場所はない。『錯乱のニューヨーク』に描かれているように、コニーアイランドは第一次大戦より以前にテクノロジーを駆使することで、遊び心や無限の想像力を含むあらゆるものを支配することを最初に試みたのである。これ以上の至高を極めることはとても想像できない。今やそれはコールハースが再現したシュルレアリスム的な小国家の中に、封じ込められているのである。

幾人かのアーティストたち——画家、著述家、建築家——は、その才能や天才的素質は各々に異なっているものの、あるひとつの特別な衝動によって互いに結ばれている。このようなアーティストたちは、ひとつの血統から分かれた人間たちである。彼らは、すべてを包括するものへと駆り立てられる。ジョナサン・スウィフトは『ガリバー旅行記』で自らの惑星をつくり上げた。彼は人間を改造し、それらを複数の種族に分類し、各々の種族に異なった道徳観や慣習を与え、特別に設計した国にそれぞれを住まわせた。これらはすべて、すでに存在している人間に、人間がいかにして存在しているのかを明確に伝えることを目的としていた。レオナルド・ダ・ヴィンチの場合は、これとは異なる方法に絶えず取り憑かれていた。彼は武器、教会、機械、医療道具をデザインし、絵を描き、執筆も行い、それ以外にもここに書ききれないほどの多くのことを行った。彼はあらゆるものに手を出したのである。彼が残したメモの山は、博識のお節介者の記念碑である。別の例を挙げよう。オルダス・ハックスリーは『ハックスリーの教育論（*Brave New World*）』において、反ユートピア以上の世界を描写した——それは、医学および工学のまことしやかな進歩と、イデオロギーの予期される発達とを組み合わせて、論理的に考察した結果、生み出されたものである。

スウィフト、レオナルド、ハックスリーはいずれも特に傑出した例である。彼らは、ある種のアーティストの血統に属する。つまり、何としてでも世界を包含したいという欲望に絶えず駆られ、それを彼らの作品として残すことに、完全に身を投じる血統に属しているのである。その作品は小説であったり、絵画、哲学的体系であったり、あるいは、たった1行の文であったり、たったひとつのオブジェ、直感、発明であったりする。彼らは、何度でも試みることを強いられる。そこにあるのは抑えがたい欲望であり、それと才能とは別物である。総じて彼らの作品は、マニフェストなのである。

（これは決して他の系統に属するアーティストたちの価値が低いということではない。その血統も先に述べた血統に劣らず野心的であり、ゆえに根本的にまったく異なる血統であるということだけである。才能の面でも、彼らが決して劣っているというわけではない。少なくとも、彼らは自分自身のモデルを認識し、自らの考えを現実のものにしている。それは単に、美的な作品をつくるための別の方法なのである。しかし異なるのは、その方法が普遍的なものに対して反抗する魔力をもっていないということである。）

コニーアイランドの章を始めるにあたって、コールハースはこの章の方針を示し、史実の調査の方向性を示唆し、証人たちの選択を行い、章全体の性格づけをしている。読者の目の前で、『錯乱のニューヨーク』はマニフェストへと進化する。書かれている内容の舞台となった場所でこの本を読んでいたり、少し前に読んだ内容を思い出そうとすると、読者は途端に、いたるところでマニフェストがはっきりと示されていることに気づく。マンハッタンそのものが、私が先に述べた世界の顕現である。そして当時私が出した結論は次のようなものであった。著述家兼建築家の人物が、この本において自分自身と都市とを同一視することを成し遂げたのだと。

1995年には、『S, M, L, XL』が刊行された――1345ページ、1・5キログラムの本である。最初に記されている文は、コールハースと先に述べた世界について、私が下した診断に確証を与えるものだった。「建築は、全能と不能の危うい混合である。」さらにその先にはこう記されている。「言い換えれば、それは苦難に満ちたユートピア的な企てである。」私の個人的な意見では、この本は偉大な本であり、発見、アイデア、計画、スナップショット、図版、ジャンル、直感、展望、警句、用語解説の貯蔵庫である——本に込められたエネルギーは強い伝染力をもち、横柄ともいえるほど挑戦的であり、その横柄な態度によって、人類の存在とその現在、過去、未来が語られている。袋小路をもたない3次元の迷路である。この点からすると、『S, M, L, XL』は狂気じみた本であり、バッタスがオランダの言葉遊びについて記述した本『オペランスの言語と文学』(*Opperlans Taal-en Letterkunde*)に見られる徹底ぶりにも引けを取らない。バッタスの本も分野は異なるとはいえ、あらゆるものを包含している。

そろそろ、鍵となるエッセイ「ジェネリック・シティ」(1994年)に内容を限って筆を進めることにしよう。このエッセイは、『S, M, L, XL』の1238ページ以降に掲載されているが、最初の発表から10年近くを経過した今でも、マニフェストの如く——遡及的ではなく、進化し続けるマニフェストとして——読まれているものである。エッセイはマニフェスト足るに相応しく、既存の確立された概念に対する力強い攻撃で始まる。「アイデンティティは我々が愛でてやまなかった存在の印である。そしてひとつの幻想である。「アイデンティティ！　それは、ネズミ捕り器のようなものであり、次から次へと引っ掛かるネズミが、同じ餌を共有する……アイデンティティが強くなればなるほど、それは拘束を強め、拡張や解釈、再生、矛盾といったものを一層妨害するようになる。」以降、このエッセイ・マニフェストは、このテーゼの素晴らしい、驚くべき詳述を展開していく。

ジェネリック・シティ。我々が経験していることを考察してみようではないか。自分自身から一歩離れて、見てみようではないか。我々がどのように存在しているのか。自らの仕事や、住居、遊び、娯楽がどのように組織され続けているのか。まさに我々の目の前で、自分自身の好みや見解や政治的選択に関係なく、街はどのように変化していくのか。作者が存在しない永続的な革命という野外劇において、自分たちが大衆という役割をあてがわれてきたのだということを認識しようではないか。コールハースは言う。「ジェネリック・シティが提示するのは、計画法（プランニング）の決定的な死である。それは何故か？　その都市が、計画された都市ではないことによるものではない——事実、官僚とデベロッパーが互いに補い合ってつくる巨大な世界が、まるで漏斗となってエネルギーと資金の想像を絶するような流れを都市の完成という一点に集中させる。同額の資金があれば、都市の平原をダイヤモンドだらけの肥沃な土地に変えることもできれば、ぬかるみを金のレンガで舗装することもできるほどだ……しかし、その都市における最も危険で、最も爽快な発見は、計画法がいかなる違いをも生じさせないことである。」

その通り。それは、この革命の不条理性を示すものである。我々は狂ったように計画し、より良い道具を次から次へと自由気ままに使う。そして自ら絶えず、次なる改良を目指して骨の折れるような設計を一から始めるのだ。疑問、野心、競争、工房、市場の力、資金回収、会議、アイデンティティ。測り知れない価値をもつこれらすべてのものが、コンピュータの中に入っている。計画。決定。実行。『S, M, L, XL』の1024ページにある辞書の部分には、3つの「計画（Plan）」という見出し語がある。最初の「計画」の意義は、「計画とは、発生器である」とある。これには、私も迷うことなく同意する。計画とは、あらゆる有意義な行動の基礎を成すものである。何かを建てることは、人間が実行し得る最も有意義な行動のひとつである。計画の名に相応しいものはすべて、限られた範囲内で完全無欠なものの視覚化を成り立たせる。そして、まさに最初の瞬間から、完成作がそれを生み出した視覚化からはまったく隔たったものになることが明白なのである。そして3番目の「計画」の意義はこうである。「計画（Plan）を発明すること。その計画は、それ自体もほかのあらゆることについても、もはやあなたが責任を負う必要がなくなるほど、あなたを正当化してくれる。石だけを投げて、あなたの手は隠しなさい。もし計画が本当に存在するならば、失敗もないであろう。」上手い言い方である。しかし、私はこれには不満を感じる。製図板の上での計画と、実行されるものとが実際には不調和を起こすのは、最初の構想の失敗と現実の頑なさが導いた結果である。場合によっては、両者共に欠陥があるという見方もできる。それは単に予測できないもの、不測の事態とも呼ばれているものが起こること自体は、予測可能だからである。しかし、計画者《プランナー》が、当初から分かりきっている未知の要素を、自分が原作者であることを放棄するための正当な言い訳として利用すべきではない。万が一、このようなことが許されるのであれば（実際、そういうケースは増えつつある）、誰もがほかの誰かの罪を着せられるという新たな混乱が生じる。それは今まさに現実となりつつあるものと背中合わせである。文化、保険契約の周期、クレーム、「私はあなたを訴える。法廷で会おう」みたいなこと。あらゆる種類の創造や実業家の推進力をそいでしまうものである。

これは、革命の不条理性とはまったく異なるものである。革命の不条理性が発見したことは、すでにコールハースが述べているように、この世界におけるいかなる計画法も、秩序と呼ばれ得るものを生み出し得ないことである。我々は皆このことが危険であることに気づいていると同時に、これが自分たちの笑いを誘うものでもあることも知っている。つまりそれはウジェーヌ・イヨネスコの劇作品に還元された、今の現実なのだ。

私はユートピア主義者である。私の欠点は、書くことしかしないことにある。私は空想にふける。街を歩き、公共の乗り物に乗って、国中を横断することを思い描く。大々的な革新や新しいデザイン、解体や構築を夢想する。私は建築家や都市計画者を羨んでいる。彼らの仕事は、人々により機能的な生活をもたらすのである。つまるところ、建築家と都市計画者が道路をつくれば、昼夜をいとわずその道路に沿って無数の大衆を動かす力が与えられるのだ。信じがたいことである。既存の道路よりも、より良い道路を大衆に与えることができたら、どれだけ素晴らしいことか。

歴史上の様々な番狂わせが同時に発生したことを経て、我々はイデオロギーとユートピアを剝ぎ取られた時代に到達した。この時代そのものがアイデンティティを欠いている。私はほとんど毎日のように、この空虚な状態においては、自分たちがユートピアの急激な発展を経験しないであろうことに驚愕している。さらに私を驚かせるものは、無気力性、すなわち諦観の念であり、クリエイティブな連中はそれを使って、この空虚さが自分たちにとって苦にならないように仕向けている。そういえば私は、ル・コルビュジエが1935年に発表したマニフェスト『飛行機は告発する』を読んだことがある。それは飛行機の機能について彼が説明したものである。「飛行機は、告発であり起訴であり召還である。それは、都市を起訴する。それは、都市について決定を下した者たちを起訴する。飛行機のおかげで、我々は建築と都市計画が変更されなければならないという証拠をつかんだのである。」

私はこれと同じような口調、同じように切羽詰った、汚れなき見解、概念の飛躍、実行に対する意欲、秘められた性急さのすべてをレム・コールハースの中に見る。今の時代は、ユートピアを欲しているのだ。しかし誰がそれを欲しているのか。現代の欠点は、自分たちがどうやってそれを欲すればいいのかをすべて忘れてしまったことである。もっとも我々はすでに知っているものに対して叫びを上げることはできる。最も現代的で、最も普遍的な常套句としての叫び。達成としての叫び、すなわち究極的な深遠や叡智としての出来合いのエクスタシーの叫び。この世界に存在するあふれんばかりの大衆は、果たしてこの窒息させられるような状況を快適であると見なすことができるであろうか。

コールハースの考えは、彼の建物と組み合わせて考えると、実際的なユートピアであるといえる。彼の陳述の根底にあるのは、現実の前兆としてのユートピアである。それは否応なしに、満足感や安心感、堪能といったものを必然的に避ける口調で語られる。現代は、多くの人々がユートピアを押しつけがましいものと見なしている。しかし彼らは間違っている。彼らが押しつけがましいと考えるのは、実は既存の秩序が崩壊、あるいは自滅することなのである。

コールハースがプリツカー賞（建築のノーベル賞とされる賞）を受賞した時、『ニューヨーク・タイムズ』紙は彼のことを「同世代の建築家の中で最も影響力のある建築家」と称した。この世界一の新聞は、丸々1ページを割いて彼の仕事を紹介した。オランダの新聞では、インチコラム（横1段、縦2・5センチ分の紙面）ふたつか3つ分の紙面で採り上げられたのみである。私の同国人であるオランダのアーティストたちの幾人かは、しばしば「オランダにおける国際的な有名人」と称される。しかし、コールハースは世界中の至る所で国際的に有名な人物となっている。これは一体どういうことなのか。

オランダは謙遜し過ぎるのである。オランダ語には、我々オランダ人の謙虚なイデオロギーを示す表現が無数にある。「うぬぼれの後に堕落あり。」「靴屋は、靴型から離れさすな。」「本をまたいではならない。」「高望みをしてはならない。」「身の程をわきまえよ。」「地に足を着けるべし。」「早くに鳴く鳥は、猫の餌食になる。」「模範的な行いができる人は、狂人に等しい。」「大それた考えを抱いてはならない。」

オランダにおける自由な思考は、オランダ人自らによってそれ自体を狭めてきた。そうした思考は、ふたりの死せる敵対者、すなわち、同意という聖人とプロフェッショナルな嫉妬家という悪魔に屈服したのである。レム・コールハースは、あたかもそのふたりが存在していないかのように、活動し続けているのである。

■訳注——本エッセイ中『錯乱のニューヨーク』からの引用文の訳はレム・コールハース著、鈴木圭介訳『錯乱のニューヨーク』筑摩書房、1995年から引用した。

Jean Attali, Le plan et le détail, une philosophie de l'architecture et de la ville, Nîmes 2001, pp. 101-102.

プランとディテール：建築と都市の哲学

ジャン・アタリ

都市を理解する際には、つまり、都市空間について構想し、その社会性を判断する際には、誰もがまず建築に取り組むことから始めるのであろうか。あるいはむしろ、都市そのものが、建築に対してある種の役割を提供したり、そうした役割を想定する義務を負っているのであろうか。「CIAM（近代建築国際会議）」が提唱した機能主義の指針が放棄され、「チームX」の建築家たちが影響力をもち、イギリスの「アーキグラム」やイタリアの「アーキズーム」がすぐさまその追随者となった時代には、このふたつの考えが顕著であった。そして、これらの考えは現代においてもなお存続している。

最初の考えは、必然的に建築家に有利なものである。「アーバンプロジェクト」は、地域の発展という視点において繰り返し登場するモティーフであり、さらには技術的な能力という断片的な要素に対抗して、かつて建築家が担っていた統合の役割を取り戻すことを求めるモティーフでもある。それは建築家によるドローイングや、住民との間で交わされる対話といった美徳が、預言者および仲介者としてのプロジェクトリーダーによるデザインにおいて、新たな融和を生み出す鍵になるという、どちらかといえば、ひとりよがりな理想であろう。ふたつ目の考えは、これとは逆に、建築家からは猛烈な反駁を受けるものである。なぜなら、それは、建築家を建築の信義に背く人物として非難するものだからだ。そして、これこそがコールハースが建築家の面の皮を剥ごうとする際に、生成される暴力なのである。

「現在、我々に残されているのはアーバニズムのない世界、つまりかつてないような、建築のみが存在する世界である。建築の整然とした様は誘惑的である。というのも、建築は、自らを『その他のもの』から区別し、除外し、限定し、切り離すからだ――しかも、それは消費も行う。建築は、結局はアーバニズムが生み出す可能性のあるもの、つまり特定のアーバニズムの構想のみが新たに生み出し、刷新する可能性のあるものを、搾取し、使い果たしてしまうのである。アーバニズムの死――建築に寄生することでもたらされる安全性に、我々が逃げ込むこと――は、悲劇を内側から生じさせる。すなわち、飢えた根に、次から次へと物を接ぎ木するようなものである。[1]」

建築とアーバニズムの関係は、以下のような性質をもつように思える。アーバニズムが生み出す可能性は建築によって達成されるが、その達成は可能性を使い果たすことを通して行われるのだ。さらにいえば、建築にこのような限界や使い果たすという感覚があるがゆえに、この建築家は混沌とした世界に対して特殊な関わりをもつのである。

1▼ Rem Koolhaas, 'What Ever Happened to Urbanism' in: *S,M,L,XL*, New York/Rotterdam,1995

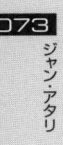

やろうと思えば何でもできる

Ian Buruma
イアン・ブルマ

本エッセイは、レム・コールハース、ブルース・マウ共著『S, M, L, XL』(Rem Koolhaas and Bruce Mau, *S, M, L, XL*, New York/Rotterdam, 1995) の書評記事として、*The New York Review of Books*, Volume 43, Number 19, November 28, 1996 に初掲載されたものである。

建築家を決して信用してはならない。もし建築家を見かけたら、硬貨を道に投げてみたまえ。彼はかがみ込むだろう。そうしたら、彼を蹴飛ばして、歩き続けたまえ。

オランダの詩人、ヘリット・コムレイ

紀元前6世紀にネブカドネザル王はバビロンに都市を建設した。それは世界中で最も素晴らしい都市であり、30メートルの高さの城壁やテラス式庭園、寺院があった。そしていうまでもなく、聖書に登場するバベルの塔のモデルとなった塔もそこに存在した。高さ91メートル、幅91メートルのその塔は、人間がつくり出せる最も巨大で、最も高い建物であった。100年後にヘロドトスがその都市を目にした時は、都市はすでに廃墟と化していた。まずペルシア人によって、次いでクセルクセスが率いる兵士たちによって、都市は征服されたのである。ヘロドトスが見たものは、偉大な塔のわずかな残骸でしかなかった。

我々にとってバベルの物語は、傲慢についての聖書の物語、すなわち神の如く振る舞い、天にも達するようなものを建てようとした人間の虚しい企てについての寓話を意味する。それはまた我々が足元の大地を見失い、やろうと思えば何でもできると考えでもすれば、様々な言語が生じ、互いの理解の喪失が生じることを語る物語でもある。塔がどんどん高くなってきたので神は天上界の審議会に赴き、こう言った。「来たまえ。共に下に降りよう。そして彼らの言葉を混乱させてやろう。そうなれば彼らは互いにしゃべっていることが分からなくなるだろう。」バビロンでは塔はバビ・ル（Babi-lu）、すなわち「神の門」と呼ばれていた。ユダヤ人はそれをバベルと呼んだ。その用語は、ヘブライ語で混乱を意味するビルブル（bilbul）に似ている。

破壊という結末にいたる傲慢な建築の物語はどれも辛辣である。というのも、それらが人間の愚かさについての物語であることは否定できないとはいえ、夢がもつ力についての物語でもあるからである。多くの独裁者が建築家になることを欲し、多過ぎる数の建築家が独裁者に好意を寄せた。理想の都市を設計することは、プラトンからル・コルビュジエにいたるまで、ユートピア主義の先見者たちが古くから抱いてきた野心だった。しかし地上につくられる天国を想像した図は、最終的には地獄に似たものへと容易に変化する。そのおかげで建築家はしばしば、普通の職業をもつ人には向けられないような感情を向けられ、憎まれる。それは我々が、彼らの欠点だらけの夢の中で暮らさなければならないからである。しかし彼らの事業が、飽くことのない魅惑の源泉であることも確かである。それは、建築がおそらくほかのどの芸術にも増して、人間が抱く大志の偉大さと脆弱さの両方を示すからである。

建築家レム・コールハースは、いかにして近代的な都市を建設するかについて壮大な考えを抱いており、彼の考えは世界中で議論され、模倣され、分析され、賞賛され、批判されている。しかし彼はユートピア主義的な思想家では決してなく、建築の限界についての鋭い考えをもっている。彼はライス大学における講演において、「建築とは危険な職業です。というのも、それは不能と全能の有毒な混合だからです。どういう意味でそうであるかというと、建築家はほとんど例外なく、誇大妄想的な夢を心に抱いており、その夢を押しつけ、実現させることを、

ほかの人間や状況にすべて依存しているからです」と語った。▼1

しかしコールハースと彼の作品には、バビロン風というよりそれ以上のものがある。彼は意識的な旅人であり、時には1週間でヨーロッパと東アジア、アメリカの3カ所を往復したりする。完全にボーダレスな人間であり、国籍というアイデンティティに対してもひどく懐疑的なコールハースは、まるで彼自身が国際的感覚をもつ傲慢者を描いた諷刺画のようでもある。彼は建築家としてパリやローマ、アムステルダムだけでなく、マンハッタンや東京、シンガポールにも魅了されている。そして「巨大なもの《ビッグネス》」、「特大のもの（XL）」という概念に取り憑かれるようになった。有無をいわせず大きいということ、彼はこれこそがバビロニアの複雑さをつくり出したのだと信じる。それはいかなる建築家の手にも負えない大きさであり、それこそがまさにそれが有する美なのである。摩天楼やほかの特大サイズの建物の内部では、人間たちが数多くの活動を営んでおり、建物自体が自律的な都市と化している。ある意味で、混乱は資産である。コールハースは「バベルの塔にも似た多階層の駐車場」や「原始的なアトリウム」、「種々雑多な用途のタワー」の熱狂的マニアなのである。

コールハースの最新の著作『S, M, L, XL』は、彼の初期の著作『錯乱のニューヨーク』▼2と同様たちまちカルト的な地位を獲得しつつある。バベルの塔の書籍版ともいうべきその本は、聖書（新約と旧約の両方）よりも分厚く、辞書よりも重く、記号や意味、テクストそしてイメージが詰め込まれ、その過密ぶりはタイムズ・スクエアを凌ぐほどである。ロンドン北部のヴィクトリア朝風の洗練された通りにある静かで綺麗に片づけられた彼のアパートで、美味しい英国茶を飲みながら、彼は私にこういった。「これは今後、誰かがつくろうと思ってもつくれないような本です。でも我々はそれをつくったのです。」

「我々」に含まれる人物はカナダのデザイナー、ブルース・マウである。彼の貢献はどのページにもうかがえる。というのも、この本は書かれた本であると同時にデザインされた本でもあるからだ。加えてロッテルダムに本部があるコールハースの事務所、OMAがこの本に果たした功績も大きい。OMAは、Office for Metropolitan Architectureの略称であり、本の著者自身の考えでは、それは「ずいぶんとうぬぼれた名前です。こういう名前に相応しいような建築など存在しないでしょう」[3]ということだ。いかにもコールハースらしい発言である。彼には、自分が誇大妄想家であると意識するような慎み深さがあるのだ。『S, M, L, XL』は、彼のビッグネスの理論の完璧な実例である。彼はこう記している。「マッスがある臨界点を越えると、建物は巨大な建物になる。そのようなマッスは、もはやひとつの建築的なジェスチュア（意思表示）によって制御することは不可能であり、複数の建築的ジェスチュアをもってしても不可能である。この不可能性は、マッスを構成する各部分がそれぞれ有する自律性を誘発する。それは断片化とは異なるものである。各部分は、全体に関与し続けるのである。」

この本は、数多くの自律する部分から成る。自伝的なスケッチ、建物のプラン、実現されたいくつかのもの、断念された多くのもの、哲学的な余話、歴史的逸話、写真、漫画、都市の地図。そしてページの欄外には、気ままに書いたメモを寄せ集めたような、個人的な用語集がある。その用語の例をひとつ挙げてみよう（私が無作為に選んだものである）。

「GLOBAL（グローバル）……私は自分自身がグローバルな存在だと思う。私は明らかにグローバルな活動に参加している。飛行機に乗り、機械と会話をし、小さな幾何学形の食物を食べ、電話で投票する。」

この本は、常識を超えた壮大な作品である。しかしそれはまた、長年にわたって私が目を通してきたあらゆるテーマの本の中でも、最もウィットに富み、最も独創的かつ刺激的なドキュメントでもある。なぜなら各部分が全体を形成しているからである。コールハースは、建築の理論をユーモアのセンスも交えながら明瞭に書くことができる数少ない建築家のひとりである。いくつかの彼のアイデアは、ひどく常識外れなものとして受け取られるかもしれない。だがそれらのアイデアは人々に対して、都市や政治や芸術や文化についての再考を促すのである。コールハースは重要な人物である。なぜなら建築がしばしば及び腰になり、保身的な、ややもすれば復古的な方向に偏っていた時代に——少なくともヨーロッパにおいてはそうであった——彼は、現代建築の大胆な防御者として登場したからである。彼の熱意は、人々を思いがけない場所へといざなう。アトランタ、福岡、シンガポールへと。それらの都市は、まるで明日という日がこないかのように——あるいは昨日という日がなかったかのように——自らを建設し続ける場所なのである。

レム・コールハースは、1944年にロッテルダムで生まれた。彼の父はオランダの有名な著述家アントン・コールハースであり、レムはその長男として誕生した。1952年から1956年にかけてインドネシアに滞在しており、アジアの都市生活に対する彼の好みは、その経験によって培われた可能性もあると彼自身感じている。アムステルダムの高校卒業後、ジャーナリストとして働き、実験映画を制作し、ハリウッドで脚本も書いた。ロンドンとニューヨークで建築を学び、コロンビア大学とUCLAで教鞭を執った。そして『錯乱のニューヨーク』を執筆し一躍有名になったのである。その直後にはオランダで、後にはフランス、スイス、ベルギー、日本で様々なコンペに参加したほか、設計の依頼も受けた。OMAは1975年に創設され、同世代のオランダの建築家たちに影響を及ぼした。OMAによる典型的な建物は、曲線状の屋根と傾斜した床を備え、優美にデザインされた工業設備のような外見を有している。OMAに関わる典型的な人々は、コールハースのアイデアのみならず彼の言葉遣いにも心酔している。私がその気配をロッテルダムのOMAの事務所で感じたのは、スタッフのひとりに安価な工業素材を頻繁に用いるのは美的考察によるものか、それとも経済的理由によるものか、という質問をした時であった。その男性はため息をついた。それはまるでマルクス主義者がまだ光明の見えない人々に接した時につくようなため息だった。彼はこう言った。「我々は美的という用語は使いません。それはプログラムと活用条件という問題に関わることです。」「なるほど。」と私は言った。

オランダは、人々に大きいものについて考えさせるような国ではない。オランダの建築は、新しいものであれ古いものであれ、バビロニア的な仰々しさを欠いていることを特徴とする。インドにいたイギリス人とは異なり、オランダ人は自らの植民地に何ら記念碑的な建物を残さなかった。芸術と生活についての彼らの国民的な態度を簡潔に表すものとして、しばしば引用されるオランダの諺に次のようなものがある。「模範的な行いができる人は、狂人に等しい。」オランダの近代建築は優美であり、狂った建物や特大サイズの建物はきわめて稀である。ヘンドリック・ペトラス・ベルラーヘやJ・J・P・アウト、G・Th・リートフェルトといった20世紀の偉大な建築家たちは、その簡潔で、合理的なデザインによって、ピエト・モンドリアンの天才的な能力を共有している。彼らの建築に、ラッチェンス風の浅薄さやガウディ風の幻想性、サリヴァン風のタワーといったものは一切見られず、代わりに明快なグリッド、控えめな大きさ、直線が備えられている。コールハースがオランダで手掛けた作品の多くは、傾斜した屋根や床への好みがうかがえるものの概してこのような伝統を反映させたものとなっている。

アムステルダム北部で彼が手掛けた低所得者層のための住宅プロジェクトは、1980年に完成したが、それはオランダの節制主義のモデルでもある。以前は波止場として使われていた港の見える敷地に建設されたこの〈アイ・プレイン〉プロジェクトは、5階建てのアパートのブロック、学校、スーパーマーケット、そのほかの近隣設備が、それぞれ列になって配置されている。列が構成する部分は、それらよりもわずかに背が高い別の住宅群と帯状の芝生によって分け隔てられている。このプロジェクトは、低予算で手掛けられた初期の作品ではあるが、すでにコールハースの典型的な特徴を示している。一見すると、さえない住宅ブロックと帯状の芝生の組み合わせにしか見えないものは、実は必要なものがすべて完備された小さな近隣地区なのである。学校、商店、運動場、芝生、通りのすべてが社会生活の促進を目的として互いに編み込まれている。通常であれば郊外地となってしまうものが、自律的な街となっている。さらにほんの10年前に建設されたものであるにもかかわらず、その街はアムステルダムの旧市街の雰囲気を備えているのである。住民はドアの外でおしゃべりをし、子供たちは通りでサッカーをする。建築家に雰囲気を設計することは不可能である。それをつくり上げるのは、そこに住む住民たちである。しかしながらコールハースのプロジェクトは、彼らにそれを築かせるスケールと柔軟性を備えている。このプロジェクトは、コールハースが建物そのものよりも都市に興味があることを示す例といえるだろう。

奇妙なのは、摩天楼への偏愛が彼自身の理論にうかがえるにもかかわらず、コールハースがいまだに摩天楼を建てていないことである。▼4 しかし、彼は小規模なものも得意とする建築家であり、つい最近もニューヨークの小さな画廊の設計を完成させた（グリーン通りにある〈レーマン・モーピン画廊〉）――彼がアメリカ合衆国で実現させた最初のプロジェクトである。さらに、本年（1996年）は、オランダで公衆トイレを設計した。写真を焼きつけたデルフト焼きの鮮やかな青色のタイルが壁に貼られたトイレである――「オランダで最も贅沢なトイレです。」1998年には、ロッテルダムの友人たちのために住宅を一軒建てている。『S, M, L, XL』に掲載された写真には、スチールとガラスでできた箱が写っている。その箱にはガラスの壁と直線から成る平坦なパネルに分割された引き戸が備わっており、3次元化されたモンドリアンのグリッドのようでもある。しかしこの住宅には何かしら奇妙なものが感じられる。何となくオランダ的というより日本的な感じが漂うのである。住宅の中央には可動壁を備えたパティオがあり、その壁は伝統的な日本の家屋の襖と同様、配置を変えたり、取り外したりすることが可能なのである。そしてトレーニングルームの真上に位置するパティオの床はガラスでできている。それは融通性と透明性の両方を生じさせる効果をもたらし、それこそSであれ、Mであれ、L、

XLであれ、コールハースのどのサイズの建物にも概ね見られる特徴である。融通のきく透明なパティオのもうひとつの効果は、内部と外部の両方の雰囲気が味わえることである。住居と自然との境界が故意に曖昧にされているのだ。

しかし外を内に変えるというコールハースの嗜好には、日本趣味以上のものがある。私は、それこそが彼の建築的視点を解明する鍵になると考える。フランク・O・ゲーリーやフィリップ・スタルクなどの同世代の建築家と同様、彼もまたシュルレアリスムを復活させたのである。1992年にコールハースが完成させたロッテルダムにある芸術センター〈クンストハル〉を訪問した際、偶然にもシュルレアリスム芸術の展覧会が開催されていた。出品作品のひとつは、ルネ・マグリット作の有名な絵画《瀉血》で、レンガの壁の絵がまったく同じようなレンガの壁の上に掛かっている様子を描いた作品であった。もうひとつの出品作の例は、夜の都市が描かれたポール・デルヴォーの絵画《赤い都市》であった。その絵は、奇妙に歪められた遠近法と大理石やレンガ、テラコッタといった様々な素材の不調和な衝突によって成り立っていた。

私はもう一度、コールハースがデザインした曲線状の天井や傾斜した床に目を移した。さらに彼が用いた波形の鉄板やイタリアの大理石、工業用プラスチック素材を観察した。そしてさらに空洞となっている木の幹の内側、建物の外にあるスチール製のスロープを上ったところにある庭、天井に描かれた雲、屋根の上のラクダの彫刻、庭から花の咲く池へと続く飛び石を観察した。〈クンストハル〉の簡素な、合理的なファサードの裏側には、狂気や転覆的な怪奇性を暗示するものが横たわっていたのである。人々は安っぽい素材も、わざとらしくみすぼらしい仕上げも気に入らないかもしれない。一段高くなっているスチールメッシュの床を横切るのも嫌に思うかもしれない。ハイヒールを履いた女性は重傷を負うかもしれないし、靴の泥がメッシュの床の下を歩いている人たちに落ちるかもしれない。しかしそれでも人々はこれらに無関心ではいられないのだ。ルナ・パークあるいは実際の都市と同様、コールハースも我々にショックを与え、そして揺さぶりをかける。それこそがまさに重要なことなのである。

『錯乱のニューヨーク』において、コールハースはコニーアイランドを引き合いに出して「マンハッタニズム」、すなわち近代的な都市生活の錯乱の起源を説明している。コニーアイランドの建築家たち——ジョージ・ティリュー、フレデリック・トンプソン、ウィリアム・H・レイノルズ——は「空想世界のテクノロジーを基礎に、ひとつのアーバニズムを発明し確立してしまう。その内容は、外の現実世界に対する永続的な陰謀である。[▼5]」これは、近代的な都市に対してコールハースが抱いているヴィジョンでもある。それこそが彼がニューヨークやロサンゼルスを愛し、それらの都市にも増して、東京を愛する理由でもある。それを彼は中規模ながら〈クンストハル〉としてロッテルダムに建てたのであり、現在ハリウッドでその大規模版を手掛けているのである。ハリウッドで進行中のユニバーサル・シティのＭＣＡ本社は、テーマパークや社宅、レストラン、巨大な駐車場、娯楽空間が積み重ねられたタワーを併設するプロジェクトである。コールハースは特に最後のタワーをバベルの塔になぞらえている。彼は愉快そうにハリウッドのシティ・ウォークと呼ばれる、映画撮影用につくられた通りの話をしてくれた。この通りは今では若者に人気の遊び場となっており、彼らはそこに行って、ぶらぶらしながら時間を過ごす。つまり、そこは映画セット用に作られた通りが都市の一部と化したのである。そこは、シュルレアリストの響きをもっている。

これらのすべては、合理主義でカルヴァン主義のオランダには程遠いように思える。もちろんマグリットとデルヴォーはベルギー人であってオランダ人ではないが、彼らにはコールハースを惹きつけるオランダ的な要素がある。日本人は、特に石庭と盆栽によって人工的自然のミニチュアリストの巨匠といえるかもしれない。しかしオランダ人は、とてつもない大規模な自然をつくり上げたのである。オランダの西海岸の大部分は人工的につくられたものであり、人間が海から勝ち取ったものである。海は常に曖昧な敵として存在した。海は冒険、すなわち沖に出て新世界を発見する機会を約束する一方で、一晩で街全体を押し流すこともやってのけたのである。最後に陸に海水が流れ込んだのは、1953年の大洪水の時だった。その惨事は人々に非永続性の概念をもたらした。いつ何時、一から立て直さないといけない瞬間が来るかも知れない。『S, M, L, XL』のあるページの余白には次のような項目がある。

DUTCHNESS（オランダ的なもの）……愛国主義の賛美者であった第一世代にとって、オランダ的なものは、しばしば変容と同義であった。それは神の導きによって、大災害を幸運に、弱さを強さに、水を乾いた土に、泥を金に変容させることであった。

しかし、今では堤防は完全に閉じられ、海はおそらく永遠に征服された（と彼らは思いたい）。したがってオランダ人は変容を欲することを忘れたかもしれない。彼らの関心はむしろ、今自分たちが所有しているものを保存することにある。絵葉書のような美しい村、どこまでも続く草原、古い市場町、そしてアムステルダムの素晴らしい建築の保存である。それらの建築は、車の流れの中で窒息状態にあり、落書きで覆われているとはいえ、素晴らしいことには変わりがない。コンクリートでできた醜悪な郊外住宅地が数十年にわたって建設され続けた後、オランダのプランナーたちはようやく「文脈」を慎重に考慮するようになったのである。大規模なプロジェクトは、地元の政治や自然保護主義、伝統の真正性や経費節減の観点から修正を余儀なくされる。コールハースは、高速道路や駐車場、高速電車の是非が公に問われている状況を忌み嫌っている。彼が好むのは、静まり返った歩行者専用ゾーンよりも「車が走り、クラクションが鳴り、人々が車を押し分けてでも信号を渡ろうとする」通りなのである。

もっとも都市におけるこの種の錯乱は計画したり、設計したりできるものではない。それは、混乱に満ちた古い都市がもつ典型的な特徴なのである。コールハースがオランダのプランナーに対して求めているのは、旧市街が「観光名所という宝石をつないだ首飾りのように」新しい首都を取り囲む輪となるよう配置された新たなメトロポリスを、オランダの西部あるいは南部に建設することである。しかしこのような首飾りの内側で、自然発生的な都市のカオスがどれだけ生き残れるのか、この新しいメトロポリスはどれほど錯乱状態になるのかは、疑問である。後でも触れるがコールハースは、未来都市においても人々は街路に集まって暮らすであろうという予測を疑問視している。

コールハースは言葉をひとつの武器にしており、難しい問題に対しては、問題自体を封じ込めるように流麗に陳述することで、それを曖昧なものにする器用さをもち合わせている。「再発明の伝統は、オランダの伝統の中でも最も創造力豊かで進歩的な伝統ですが、その再発明の伝統自体が再発明されることこそ重要なのです」と彼は言う。面白い発言である。だが、彼の言葉は一体何を意味しているのか。何が再発明されなければならないのか。カオスや自然発生的なものを再発明することは不可能である。しかし建築家がいかにも恒久的な解決策を与える振りをするのではなく、人々が自分の好き勝手に使えるような解決策を与えるのであれば、カオスや自然発生的なものに対する見通しも立てられる。これこそがコールハースの言う、ビッグネスの意義であるように思える。ともかくオランダは、特大サイズのものがまったく似合わない国であり、あらゆる点で小さな国である。それゆえにコールハースはもうひとつのオランダの伝統に従った。オランダという国が抱える窮屈な情況をもどかしく思ってきたオランダ人が、何百年にもわたって行ってきたことを継続したのである。つまり彼は、冒険を求めて海を渡ったのだ。ニューヨークもそのオランダ人の冒険心によって創始された。コールハースも同じやり方で再びニューヨークを創始したのである。

もしマンハッタンが存在していなかったとすれば、コールハースがグリッドと空想、ビッグネス、シュルレアリスム、ビジネス、奇想のすべてを組み合わせ、彼が理想とする都会のイメージにそれを当てはめることで、マンハッタンをつくり上げることを強いられたかもしれない。敷地の大きさが限られているために、マンハッタンは自らを何度も再発明することを強いられたが、大都会としてのダイナミズムは、常にグリッドという幾何学的なパターンに適応させられてきた（おそらくそのことが、モンドリアンがニューヨークを心地良いと感じた理由であろう）。そして高く高く空へと成長するにつれ、ニューヨークの建物の外観は次第にその内部で行われている様々な活動を反映するものではなくなってきた。ネオ何とか主義に着飾ったタワーは、人々が仕事や遊びにいそしんでいる場を覆い隠したのである。コールハースが『錯乱のニューヨーク』において形容しているように、各々の建物は「『都市の中の都市』になるべくしのぎを削る。」しかしながら、それらは画一的なものとはならない。こうした「好戦的な野心は、このメトロポリスを建物という形で存在する都市国家の集合体に仕立て上げる。この都市国家はそれぞれ互いに敵対し合う可能性を十分に秘めている。」

コールハースが彼の最初の著作において称賛しているのは、スカイラインなど固定観念となったマンハッタンのアイデンティティではなく「都市の中の都市」の内部において人間が行っている活動の過密さである。彼はコニーアイランドにその起源を見いだしている。その理由は、コニーアイランドがもつ空想的な性格（小人の町、ドリームランド、バビロンの空中庭園）にあるのではなく、戦前のマンハッタンが、商業的快楽主義や狂ったような競争世界において、遊園地のように建築家たちに操られた、現実主義のビジネスマンたちによって営まれたことにある。コールハースのヒーローであるそれらの建築家のひとり、レイモンド・フッド（マグロウヒル・ビル、1931年）は、コールハースの言葉を借りれば「マンハッタニズムとは効率と崇高さを一致させるただひとつのプログラムなのである」ということを理解していたのである。

文脈を退け、永久に残る再発明のアイデアをもち出すことを好む者にとっては、コールハースは空想に駆られた感情的な歴史家に映る。彼は歴史を重視してはいるが、その方法はきわめて異例である。彼が関心を寄せるのは、我々の祖先が犯した過ちといった、まさに人々が拒絶したがるものである。彼は学生時代にベルリンの壁について調査した際に、それが建築的に興味深いものであると感じた。というのも、それが人間のドラマを引き起こすものであり、加えて都会のジャングルや田園地帯をくねくねと進むように建てられているために、多様な表情を示すからである。彼自身のスタイルは、今では流行遅れとなった1950年代と1960年代のモダニズムである。彼はかつて次のように記している。

ひとつの建築の教義が採用されれば、それは数年後にはそれにまったく反する教義に取って代わられる運命をもつ。すなわちそれぞれの世代が前の世代の教義を馬鹿にして笑うことしかしないような、否定的な繰り返しである。この肯定—否定—肯定の繰り返しは、反歴史的な効果をもたらす。なぜならそれは、建築の論議をばらばらに分離されたフレーズの連なりという理解不能なものに還元するからである。▼6

『錯乱のニューヨーク』における最も印象的な歴史的概念は、戦前と戦後のマンハッタンにおいてモダニズムの価値が逆転したことである。大雑把にいって、モダニズムは戦前のヨーロッパの建築家にとってのドグマであり、アメリカ人にとってはビジネスの好機となるものであった。レイモンド・フッドのような建築家たちが、それぞれのバビロニア的な歓楽宮をニューヨーク・シティでつくり上げる一方で、ル・コルビュジエのようなヨーロッパ人たちは、モダニズムを快感原則を超えたものに発展させ、純粋合理性の領域へと導いていった。ル・コルビュジエは、マンハッタンが十分に近代的ではないと感じていた。彼はゴシック様式やルネサンス様式、トスカーナ様式、ボザール様式、アール・ヌーヴォー様式、チューダー様式の衣服をまとった摩天楼を、思春期の若者の空想であると見なしたのである。それを象徴する例として、コールハースは、サルバドール・ダリをニューヨークの詩的な部分を理解していたヨーロッパ人のひとりとして引用している。

しかしながら、マンハッタンを独特なものにしていた効率と錯乱の結合は戦後には消滅した。建築的空想家たちは、彼らの夢のために資金を提供する実業家たちを獲得したが、何のドグマもイデオロギーも残さなかった。したがってヨーロッパの合理主義の支配するところとなり、崇高さを冷酷に無視した安っぽい摩天楼のカーテンウォールが現れることになった。コールハースの言葉で言えば「大戦後の建築は、戦前の実業家たちの夢想に対する会計係たちの逆襲である。[7]」では、貧しいオランダ人建築家にできることは何であったのか。彼は東へと向かった。かつてオランダ人たちがヨーロッパ的な文脈から逃れ、冒険の夢を求めて向かったあの大陸の果てへと。

コールハースは1991年に日本の南西部にある福岡で、初めてアジアに建物を設計した。中庭つき住宅の集合から成るその美しいブロックは、写真で見る限り日本風というより中国風の外観を呈している。コールハースによれば、この建物のアイデアの源泉となったのは、古代ローマの街区のレイアウトとミース・ファン・デル・ローエによる実験的試みであるという。建物のデザインは、あのコールハース独特の親密さと融通性の結合を示すものである。中庭、ガラスで覆われた屋根、大きな窓は、空間と自然が建物と混じり合う感覚を住宅に与えている。飾り気のない明瞭でモダンなデザイン（それこそ日本の伝統である）を好む者は、この住宅に住みたいと思うであろう。

コールハースは日本を訪れた際に「日本の醜い部分が臆面もなく蔓延していること」に衝撃を受けた。ヨーロッパ人の多くがこれと同じ衝撃を受ける。しかし大部分のヨーロッパ人とは違って、コールハースはそこに長所を見いだす。ちょうど彼が、ベルリンの壁にある種の可能性を発見したようにである。というのも、醜さと並置させられることで、美しさが、あるいは彼の言い方で言うと「崇高さ」が、より素晴らしいものとなっているからである。ある意味で今の日本はキッチュなものと美しいもの、粗雑なものと精巧に仕上げられたもの、洗練と陳腐、安っぽさと贅沢さとを混在させるというコールハースの超現実主義的な原則に従っているといえる。それはショッキングなことである。

日本の都市の生活に浸ってみること、つまりディズニーランドの城を模したモーテルや、噴水や人工の鳥の鳴き声であふれかえる地下のショッピング街、オフィスビルの上部に設置された巨大なビデオスクリーンに映し出される侍が日本酒やパソコンを売るコマーシャル、盆栽の庭の周囲に立つクロームとガラスでできた高層ビル、ドイツ風ビアガーデン、禅の庭などが氾濫する生活に浸ることは、超現実的な体験である。長崎の近くにある観光客に人気のスポットは、新しく建設された「古いオランダの街」で成り立っている。ハーグにある王宮のレプリカの周りには、18世紀のオランダ庭園が設けられているが、その庭園自体、本国オランダには存在しないものである。この場所は人々がそこに滞在することを目的としたテーマパークなのである。コールハースがなぜ日本に魅了されるのか、もうお分かりであろう。つまり文脈が無意味化しているのである。京都や奈良の近辺を除けば、古い文化の保存という意味での伝統の真正性、すなわちヨーロッパ人が自らの古都において最も重んじている考えは、日本はもちろんのこと、東アジアのどこにも存在しないのだ。日本は自らの都市環境の再建を余儀なくされた。というのも1945年の後、日本には古いものは何も残らなかったからである。

しかし、私が思うには、長崎の「オランダの」村こそコールハースが反論を唱える都市計画そのものであると考える。なぜならこの村で試みられたことは、偽りの伝統を基盤として、偽りの文脈をつくり出すことであったからだ。テーマパークの周囲に建設された偽物のオランダの家とバンガローから成る郊外宅地は、多くの人々にそこに本気で住もうと思わせるほどの魅力をもっているわけではない。その理由は、偽りの伝統が日本のそれではなくオランダのものだからではない。モデルタウンというもの自体が、真の都市環境とはまったく正反対のものだからである（ハリウッドのスタジオ通りに誰も住まないのと同じことである）。偽りの村は、東京や大阪、福岡のような巨大で醜い都会のジャングルとは完全に異なっている。それらの都市は、きわめて住み易くなるように日本人によって統制されているのである。

都市が火災や地震、戦争によって壊されなくても、中国人や日本人、韓国人たちは無慈悲に思えるほど、古い建物を解体し、新たな建物を建設してきた。古いシンガポールは事実上消え去り、古い上海と北京は瞬く間に消え去ろうとしている。これはある部分商業的貪欲さの問題であり、ある部分利便性や慣習の問題である。中国の文化は文学を通じて受け継がれており、決して建築のモニュメントを通じてではない。都市は永遠に持続するようには建設されなかった。そもそも紙と竹と木でつくられた日本の都市には、それは不可能だったはずである。今の東アジアで機能しているのは、戦前の「マンハッタニズム」を形づくったのと同じ、商業化された空想とビジネスセンス、テクノロジーの向上の混合である。そして西洋の人間が戦後のモダニズムを実験の失敗と見なし、その非難に躍起になっていた時に、アジアの建築家や消費者、デベロッパーたちは、モダニズムを喜々として称賛していたのである。安っぽい高層ビルは、シンガポールからソウルに至るまで森林のようにはびこり続けている。

コールハースはシンガポールについて巧みな陳述を行っており、彼がマンハッタンを取り上げた時と同じ真剣さがそこにはうかがえる。彼は、シンガポールに対しても考古学的な分析を試みた。そしてシンガポールが、未来の「ジェネリック・シティ」のモデルであるという結論に達したのである。その未来都市とは、文脈から完全に離脱し、効率性のみを基盤とする都市であり、歴史はテーマパークという象徴に還元される（シンガポールの場合は、チャイナタウンが新たにつくられた）。さらにそれは、ホテルとショッピングモールの都市でもあり、自然はゴルフ場によって象徴されるか、あるいは空調の利いたアトリウムのインドアガーデンによって表象される。自称グローバルな男、飛行機で世界中を飛び回るのが好きな男が考える都市とは、スピードや効率性、可動性を基盤とする都市であり、巨大な空港のような都市であり、アトリウムや多階層の駐車場のあるメガロポリスなのである。それらは一種のユートピアともいえるであろう。しかし、そこには悪夢も横たわっているのである。

コールハースもそのことはよく分かっている。しかし彼は、シンガポールを理解することには興味があるが、その是非を判断することには興味がない。彼は近代的な世界を、彼が見いだした通りに扱いたいのである。彼は決して、理想的な都市あるいは社会に対する政治的視野を有するユートピア主義的建築家ではない。いずれにせよ彼は政治家が理想的な社会を構築し得ないのと同様、建築家も理想的な都市を建設し得ないと考えている。コールハースは、彼独特のメタファーを用いて、自らが歴史の波の上に乗るサーファーでありたいと語る。「波の力と方向はコントロール不可能なものであり、波は砕けたりします。サーファーにできることは、波を活かしつつ、とるべき道を選択することで波を『征服する』ことなのです。」▼8 未来が予測可能であるということに彼が疑問を抱いていることは、称賛すべきことではある。しかし、反ユートピア主義者にも限界はある。なぜなら政治的判断を下すことを拒否するのは、最も強き者のなすがままになることでもあるからだ。しかもその強者が有害な目的をもっていないとは限らない。

私自身はとりたててシンガポールに興味があるわけではない。しかし私には、なぜ近代的な公共住宅やショッピングモール、高層オフィスビルが、シンガポールではヨーロッパよりも人を疎外するように見えないのかを理解できる気がする（この点においては、アメリカはアジアとヨーロッパの中間に位置する）。アジアの都市生活、群衆、途絶えることのない騒々しい買い物に見られる純然たる過密は、アジアの新しい都心部を、管理され過ぎて静まり返ったヨーロッパの市街地よりも、もっと許容可能なものにする。シンガポール人もほかの東アジア人と同様、ほとんどが新興の富裕層であり、植民地時代の屈辱からかろうじて這い上がってきた人々である。彼らにとってモダンなものとは権力や富と同義である。伝統的な高床式住居や古い商店、そのほか、過去の生活様式の残存物はすべて貧困と退行を意味する。西洋人の観光客や少数のアジア人のインテリは、過去の文脈やアイデンティティが破壊されたことを遺憾に思っているが、大方の人々が考えているのはそれとは別のことである。さらにある程度の自由が与えられれば、アジア人は彼ら自身の文脈をつくり上げることができるのである。それこそがジェネリック・シティが実際には存在しない理由でもある。東京はシンガポールとは似ていないし、バンコクも香港とは異なって見える。それぞれの都市がクローム、ガラス、プラスチックや街角のピザのパーラーといった共通の要素を備えているにもかかわらずである。

しかしながら、アジアの都市におけるこのような十把ひとからげの近代化には、別の側面もある。コールハースは、それについて深く追求しているわけではないが、ほのめかしてはいる。つまりそれは威圧政治に関わる問題である。コールハースは次のように記している。「ジェネリック・シティは、多かれ少なかれ権威主義的な支配体制と（時折、距離を置いた）関係をもつ。」これはまさに真実である。シンガポールの過激な変容は――コールハースはそれを「タブラ・ラサ（完全な無）の試験台」と形容する――権威主義的な支配体制なしにはあり得なかった。同様に近年の上海における解体と建設も威圧政治なしには成立し得なかったのである。

それらの結果は、不安を生じさせるものでもある。多かれ少なかれ都市部のみすぼらしい場所に住む貧しい人々は、伝統が維持されているか否かを気にかけたり、彼らのアイデンティティに不安を覚えたりすることはないであろう。しかし、彼らの大部分が決して離れたがらない文脈がある。それは、彼らが買い物に出掛けたり、隣人たちとおしゃべりをしたり、街角の喫茶店でお茶を飲んだりする近隣の風景である。中国の都市部において住民が遠く隔たった郊外地へバスで運ばれ、その後彼らが住んでいた場所に大企業のビルが建てられることを遺憾に思うのは、決して感傷的な理由からではない。

じきに富裕層だけが上海や香港、シンガポール、東京の都心部に住むようになるであろう。ジェネリック・シティにおいては「街路」は「死滅する」とコールハースが予測したことは、現実となるかもしれない。彼は遺憾や称賛の感情なしにこの予測を記しており、加えて公共空間が、我々が現在住む都市の広場よりも、完璧に制御された超高速道路やテレビの画面上に設けられることになるであろうと記している。そうかもしれない。しかし、もし彼が都市生活を再発明することを真剣に考えているならば、テクノロジーの問題と同様に政治的な問題についても言及する必要がある。サーフィンだけで常に事足りるとは限らない。▼9

建築家と独裁者との間では、常に急進的なプロジェクトを遂行する悪魔の契約が取り交わされてきた。15世紀のイタリアでは、古い都市のかなりの部分が軍部の土木技師や専制君主によって破壊された。彼らの考えは、李光耀《リークアンユー》（前シンガポール首相）と彼の建築家たちの考えとそう異なるものではなかった。その意図は、近代的な効率性と社会制御にあったのである。オスマン卿がパリの旧市街を完全に破壊して、大通りの建設とほかの大規模なプロジェクトを実現させたのも同様の精神に基づくことであった。当然、我々が今日きわめてパリ的なもの――いわば、パリのアイデンティティといわれるもの――と感じるものの大部分は、オスマンの急進主義の所産である。新しい都市をつくり上げる際は、それがジェネリックなものであれほかのものであれ、時には威圧的な権力を味方につけることを必要とするのである。近年ではそれは、王族よりも大企業を意味するが、とはいえ、あまり残酷な方法が用いられなくなったかというとそうとも限らない。１９８０年代の東京で企業ビルの建設ブームが起きていた頃、住民を退去させるのに最もよく使われた手段は、暴力団員を雇うことであった。彼らは最初に金銭を提示し、その後は暴力を使うと脅し、それでも退去させられなければ本当に暴力を行使した。ビルはバブルがはじけるまで上へ上へと伸びてゆき、バブル崩壊後にはデベロッパーたちは破産に陥った。

コールハースはそのような実践の非難の対象とはならない。さらに彼は、旧市街の破壊の擁護者でもない。しかしながら、タブラ・ラサへの情熱を膨らませる建築家のことを聞けば、誰もが威圧的な権力からの誘惑を想像するであろう。加えて、ヨーロッパ人を誘惑するものの存在も容易に想像できる。すなわち束縛だらけの旧世界に飽き飽きし、のっぴきならなくなったヨーロッパ人の目には、アメリカやアジアが巨大なタブラ・ラサに映るのである。私はロッテルダムのOMAの事務所で、オランダの新首都建設についてのコールハースの考えをどう思うか所員に尋ねた。返ってきた答は、コールハースの計画を成功させるにはあまりにもオランダは民主主義的であり過ぎるという意見であった。多くの関心を考慮しなければならず、多くの声を聞かなければならないということである。

それはともかく、コールハースのヴィジョンには誇張的な要素があるように私には思える。彼のジェネリック・シティの理論は、ヨーロッパの文化保護主義を論駁するものである。しかしながら彼によるシンガポールの描写に、相反する感情がないとはいえないのも事実である。彼は、真新しい都市を建設することの大胆さを称賛しつつも、その結果を「ポチョムキンのメトロポリス」と形容する。「内容を欠いた都市」に漂うこの種の非現実的な空気は、近代の建築に共通する問題である。それは解放的であるかもしれないが、モダニズムが純粋な合理主義に還元された時には、死の解放となる。コールハース自身もそのことを認めている。

我々はものをつくることはできるが、必ずしもそれらのものを現実的なものにすることはできない。シンガポールが象徴するのは、新しいボリュームが古いボリュームを圧倒し、大きくなり過ぎたために動けなくなっている段階であり、その段階はそれ自体の活力を十分に発展させているとはいえないのだ。数学的見地からいって、第3ミレニアムは、このような魂のないフォルムの実験と化すであろう。

私が思うにコールハースが擁護するのは、古い都市を破壊し、代わりにホテルやショッピングモールの塊を据えることではない。彼が主張しているのは、旧市街の中心はもし新たなものによるショックで活性化されなければ、人が住めない場所になってしまうであろうということである。古い都市のアイデンティティに対する執着を募らせることと、都市を近代的な生活に適応させるべく改変することとを共演させることは、古い都市に耐え難い圧力をかける。というのも古い都市を新しくするためにできることは非常に限られており、人々はそれをやっているように見せかけているだけだからである。しかもそうすることによって古い都市から本物らしさを剥ぎ取り、偽りのアンティークに変えてしまうという、思いもよらない結果も生じる。例えばアムステルダムでは、次から次へと家が撤去されたが、その古いファサードだけは残されて、マスクのように新しい建物に移植された。そしてスプロール化した旧市街の周縁部は、この都市のアイデンティティとなることを拒絶されている。なぜならそれらの周縁部はそのまま存在しているからである。つまりそこは歴史的な大都市を取り巻く嫌悪すべき地区であり、歴史的な大都市だけが「都市」の表象なのだ。

この事実は、オランダの新しいメトロポリスについてのコールハースの構想を解き明かしてくれる。旧市街の中心部を周縁地区に転化させることで、旧市街の肩の荷を下ろし、息ができるようにする。同時に新しい建築はあまり弁解がましいものであってはならず、大胆にモダンで、言い換えれば都市的なものでなければならない。コールハースは旧市街を孤立させることに満足感を覚える。彼が刺激を受けるのは、都市の荒廃地であり、見捨てられた工業地帯であり、爆撃されたタブラ・ラサであり、遺棄された郊外のブロックである。だからこそ彼はアムステルダムよりもロッテルダムを、パリよりもロンドンやベルリンを好むのだ。爆撃された場所は新しい都市へと生まれ変わる。見捨てられた地は美しくつくり直せる。彼がこれまでに行ったプロジェクトの中で最も興味深いものは、かつては人々から最も見捨てられた周辺都市であったフランスのリールでのプロジェクトであろう。

つい最近まで、リールは憂鬱なみすぼらしい場所であった。古くは繊維産業と鉱業で栄えたものの、それらの産業も廃れた上にふたつの世界大戦によって街に凄まじい爪痕が遺された。リールの旧市街は砕け散った残骸が散乱する場所であり、ロマンチックというには寂しすぎる場所であった。リールはまさに排除されるべき都市だったのである。そして意欲的なフランス人と不承不承のイギリス人がついに、海峡を横断する「海峡トンネル」を完成させ、大陸とブリテン島との溝を埋めた。このトンネルはあらゆる可能性を果てしなく広げ、航空マイルや連絡鉄道、フリーウェイといった交通手段を空間としてとらえる建築家にとっても果てしなく夢が広がった。もしロンドンからパリを経てブリュッセルに至るＴＧＶ（フランスの超高速列車）の軌道が、リールまで延長されたら都市の地勢は一変するからだ。そうなればリールはフランス北部の荒れ果てた都市ではなく、パリとロンドンから1時間程度で行ける常に人が行き交うヨーロッパのハブとなるのである。

リール市の政府は、巧みな政治的手段が幾らか功を奏したこともあって、ＴＧＶの軌道を移すことに成功した。そしてコールハースには、１９８９年に彼にとって初の特大サイズ（XLサイズ）のプロジェクトが与えられた。リールの旧市街から徒歩圏内にある１００万平方メートルの敷地をホテル、レストラン、デパート、オフィス、駐車場、会議場〈コングレクスポ：リール・グラン・パレ〉、新しい鉄道駅を含む複合施設に変えるマスタープランの設計である。新しい駅は、〈ユーラリール〉と呼ばれた。フランスは、強い政府の伝統によって政治家が――このケースでは、リール市長でありフランスの前首相であるピエール・モロワが――この種のプロジェクトを押し通すのに必要な資力を有する唯一の国である。コールハース自身が意匠を手掛けた〈コングレスポ〉は、宇宙時代のサッカー場を想起させる建物であり、ホールや駐車場やほかの公共空間のネットワークを内部に有する巨大な楕円形をしている。ジャン・ヌーヴェルは商業施設〈ユーラリール・センター〉をデザインし、駅のデザインはジャン＝マリー・デュティユルによって手掛けられた。鉄道の線路の上に立つ巨大な肘掛け椅子の形をしたオフィスビルは、クリスチャン・ド・ポルザンパルクがデザインし、ホテルのデザインはフランソワ＆マリー・ドゥレーが行った。

〈ユーラリール〉の中を歩いていた時に日本人の建築家の団体に遭遇した。彼らはメモを取ったり、ショッピングセンターや駐車場、駅の可動式の屋根、オフィスの複合施設、歩道などをぽかんと口を開けたまま見ていたりと、あたかも大都会にいる田舎者のように興奮していた。彼らは東京から来たのである。そしてここはリールである！〈ユーラリール〉で最も驚くべきことであると同時にきわめて重要なことは、ＴＧＶ自体をも含むこの近代的な計画がいかにして古いリールを復興させたかということである。〈ユーラリール〉には誰も住んでいない。そこは仕事と食事と買い物をし、夜を更かす場所であり、過渡的な都市であり、商業的な活動にあふれているとはいえ、近隣風景は一切そこには存在していない。他方現在のリールの旧市街は、修復された美しい住宅や上等なレストラン、魅力的で品揃えも豊富な店が次々と現れ、広場や通りに生活感が満ちあふれている。大胆で巨大で近代的な建築計画が、死にかけていた古い都市を蘇らせたのである。そして新しい〈ユーラリール〉は、古いリールの美しさを際立たせるために醜くなることも強要されなかった。〈ユーラリール〉で最も印象的なのは、その大きさではなく精巧で複雑なデザインである。各々に異なる自律した部分は巧みに絡み合わさっており、全体的に広大な蜘蛛の巣状の人間的なゴシック聖堂のような素晴らしい外観を呈している。

おそらく、このオランダ人建築家の最も知られざるべき秘密は、美であろう。彼は飛行機の中や名もなきモダンなホテルが、最もリラックスできる場所だと主張する建築家である。ロンドンの優美な自分のアパートでくつろぎながら、コールハースは尊敬する日本の写真家、荒木経惟について語った。荒木の写真は、安っぽいモーテルで全裸姿で縛られている女性や東京の路上をモダニティが生み出した人工的なガラクタが散乱する中で撮ったものである。あたかもオタクのアマチュアが撮影したスナップショットのような無造作な撮影スタイルが故意に用いられ、その多くは技術的には荒削りで卑猥さが演出されている。だが荒木には、少数の人間にしか共有を許されない秘密がある。それは高い技術を駆使して美しく仕上げられた精緻な写真で構成される秘密のコレクションである。コールハースは言う、荒木はゴミ袋さえも美しいものに変える、と。同じことがコールハース自身にもいえるのである。

▼1 Rem Koolhaas, *Conversations with Students*, Houston/New York 1996, p.12.

▼2 『錯乱のニューヨーク』（Rem Koolhaas, *Delirious New York*）の初版は Oxford University Press, 1978, 再版は Monacelli Press, 1994.（邦訳はレム・コールハース著、鈴木圭介訳『錯乱のニューヨーク』筑摩書房、１９９５年）

▼3 Rem Koolhaas, *Conversations with Students*, Houston/New York 1996, p.12.

▼4 コールハースは現在、バンコクでバビロニア的なプロジェクトに取り掛かっている。一種の空中都市であるそのプロジェクトは、ハイパー・ビルディングと称され建設に１００年を要するとされている。

▼5 *Delirious New York*, pp.61-62.（邦訳はレム・コールハース著、鈴木圭介訳『錯乱のニューヨーク』筑摩書房、１９９５年、74ページ）

▼6 Jacques Lucan, *OMA/Rem Koolhaas: Architecture 1970-1990*, New York 1991, p.36.

▼7 *Delirious New York*, p. 285.（邦訳はレム・コールハース著、鈴木圭介訳『錯乱のニューヨーク』筑摩書房、１９９５年、３６０ページ）

▼8 Lucan, *OMA/Rem Koolhaas*, p.37.

▼9 コールハースは理論よりも実践に関して批判的である。彼はあるインタビューにおいて中国での数々のプロジェクトを拒否したと語り、その理由が中国で起こっている粗雑な解体と建設のブームに批判的であったからだと語った。このインタビューはスペインの定期刊行物 *El Croquis*, No. 79 (1996)に掲載されている。

プールの物語
（1976年）
The Story of the Pool

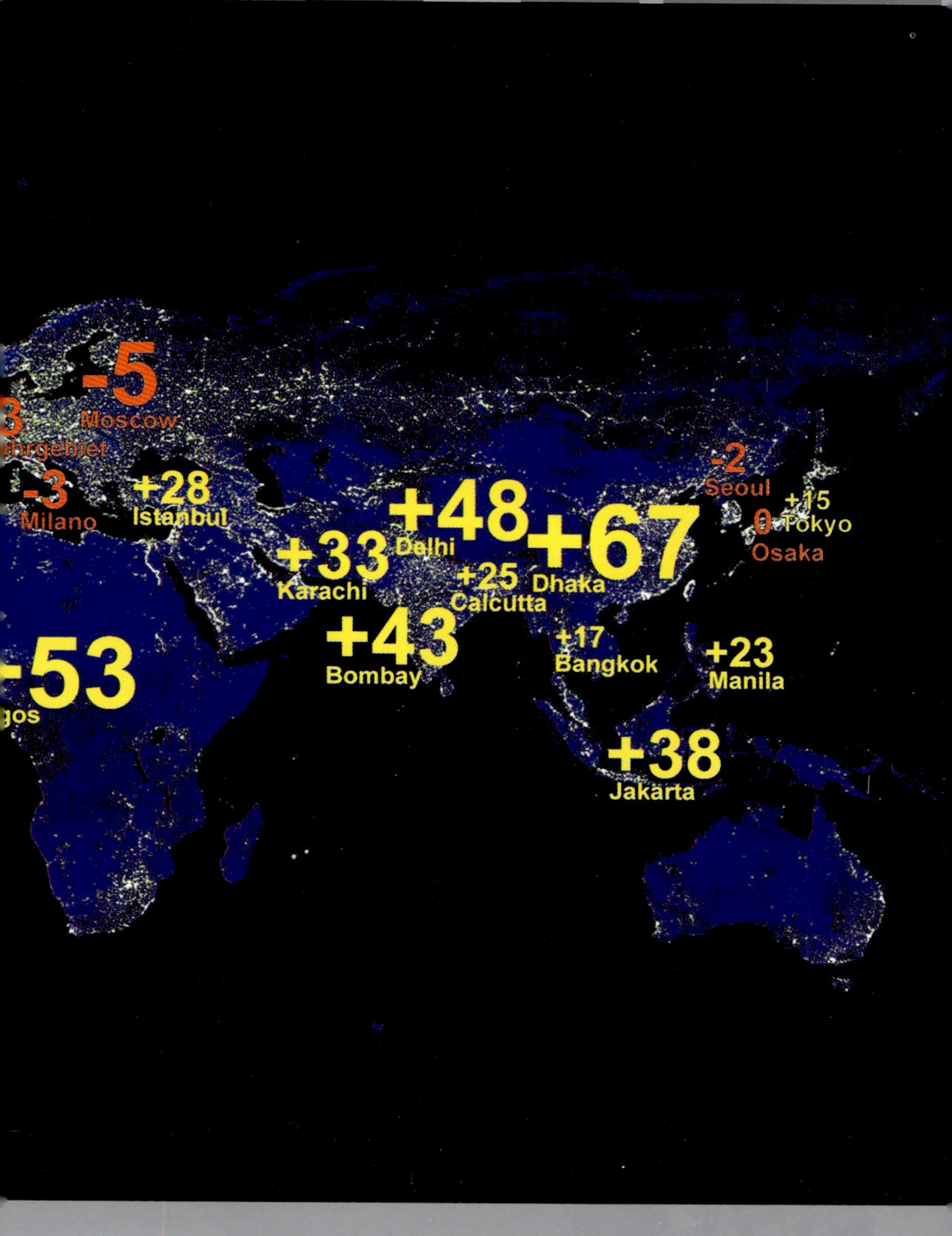
-5
Moscow
hrgebiet
-3
Milano
+28
Istanbul
+48
Delhi
+33
Karachi
+67
Dhaka
+25
Calcutta
+43
Bombay
-53
gos
-2
Seoul
+15
0 Tokyo
Osaka
+17
Bangkok
+23
Manila
+38
Jakarta

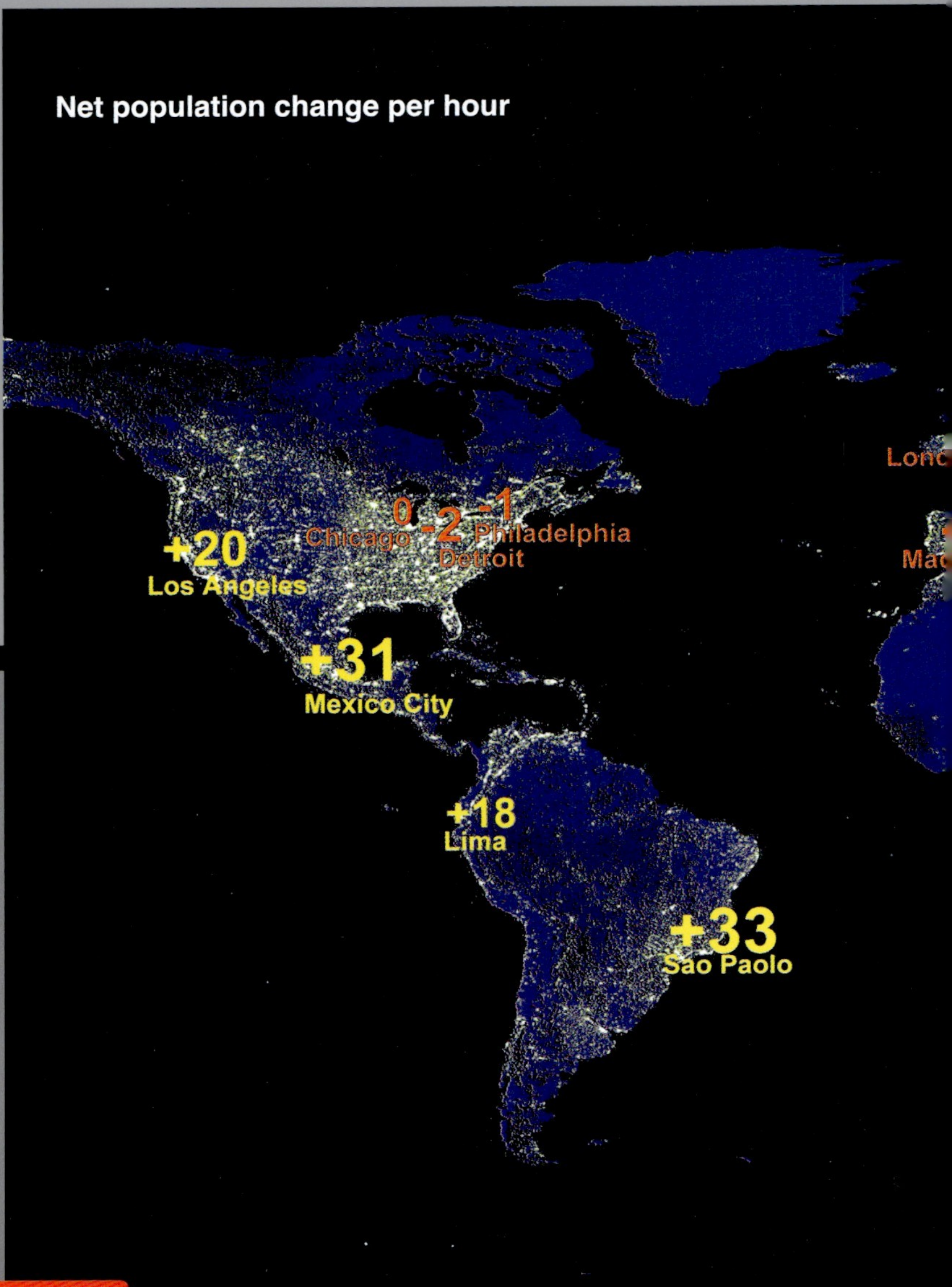

アトラス・スペース
（2003年）
Atlas Space

在ベルリン・オランダ大使館
（ドイツ、ベルリン、1997-2003年）
Netherlands Embassy

エクソダス、あるいは建築の自発的な囚人
〈1972年〉
Exodus, or the Voluntary Prisoners of Architecture

ボルドーの家
（フランス、ボルドー、1994-98年）
Maison à Bordeaux

ユーラリール：国際ビジネスセンター
（フランス、リール、1988-94年）
Eurallile: Centre International d'Affaires

ジュシューのふたつの図書館
（フランス、パリ、1993年）
2 Bibliothèques de Jussieu

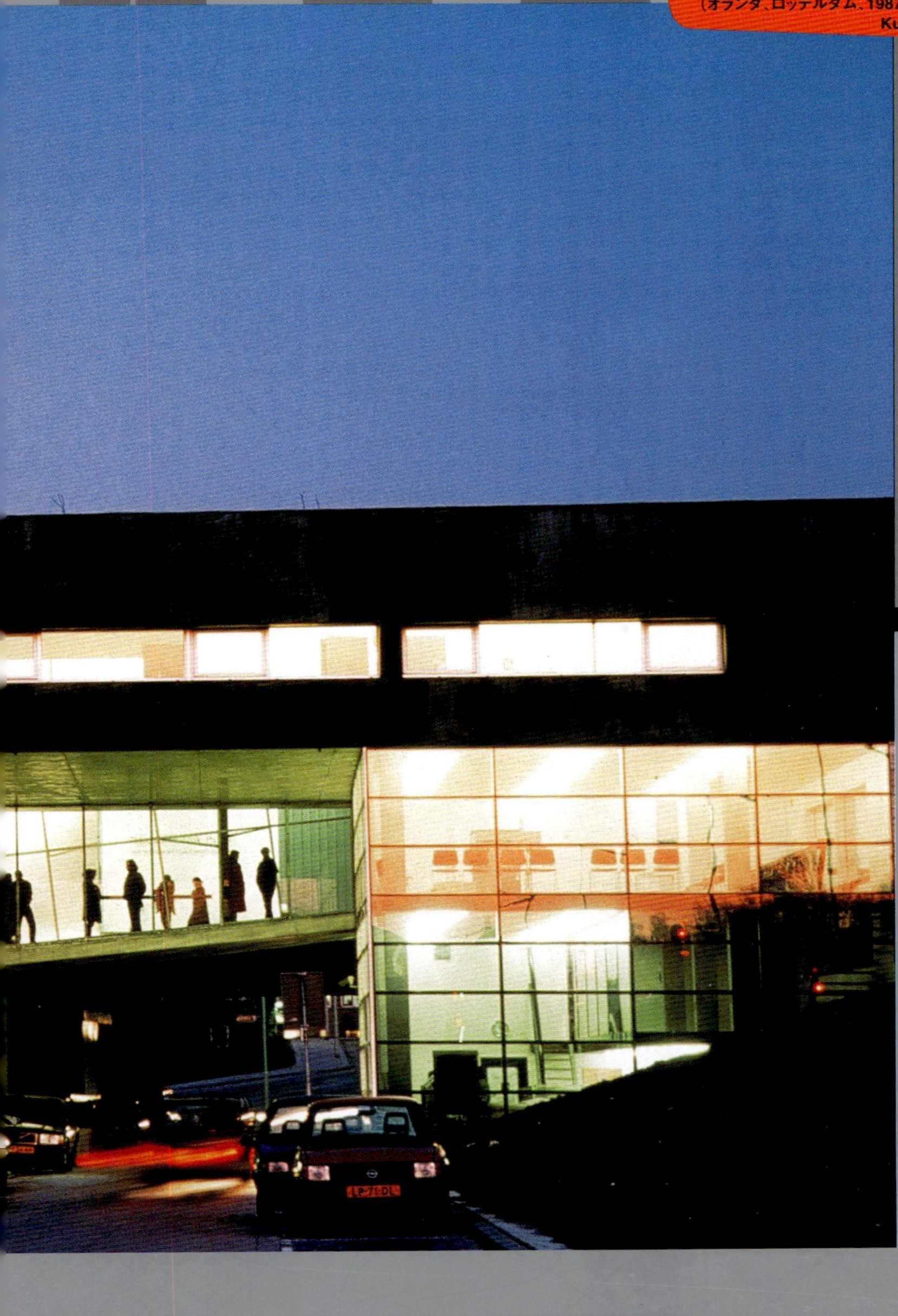

クンストハル
（オランダ、ロッテルダム、1987-92年）
Kunsthal

Hofcultuur
uit Indonesië
tot 17 januari '93

Neil Leach

Anthony Vidler

Okwui Enwezor

Fredric Jameson

Matthew Stadler

René Boomkens

第II部

METHOD

［方法］OMAの方法論とデザイン戦略を考察するセクション。
OMAはその設立趣旨に沿って、
新たなコンセプトやアプローチを多数導き出している。
それらは建築議論の新たなヴォキャブラリーとなるとともに、
世界中の建築家の作品に影響を及ぼしている。

C〈AMO〉UFLAGE：カムフラージュされたAMO

Neil Leach
ニール・リーチ

レム・コールハースの作品において美的なものが担っている役割を、我々はいかに解釈すべきなのか。彼の出版物が、きわめて視覚的なロジックに傾倒したものであることは明白である。これらの本では、イメージとテクストが一体となった風景の中に、絵画的な陳述が挿入されているからである。コールハースは、ボードレールの言う「近代生活の画家」の現代版である。このように視覚的なものを強調することは、コールハースの方法論の強みであると同時に、その弱点ともなり得るだろう。それは、社会の複雑な構造をグラフィック的に明快に表現する方途を彼に与える一方で、視覚的な領域の中に彼を完全に閉じ込め、美化（aestheticisation）という罪を彼に着せることにもなるのである。

彼がつくるものは文句なく魅力的であり、精巧にデザインされた視覚的なオブジェである。だからといって、我々はコールハースがコーヒーテーブルブック（美しい図版がふんだんに掲載された豪華本）のイメージや有名人の気の利いた発言のような、人々を無感覚にする領域へと世の中を変えてしまったと非難すべきなのだろうか。

この問題は、とりわけコールハースがラゴスで行った調査に当てはまる。世界中で最も多くの難題を抱えるこの都市についての調査は、最終的には首尾一貫した方法論的なアプローチによる都市分析となった。「地上に存在する地獄」に見えなくもない都市ラゴスは、機能不全に陥り混乱をきわめる都市である。しかしながらＡＭＯというリサーチ組織の透徹した眼差しの視界に入るや否や、まったく異なる都市として出現した。つまり濾過のプロセスや分類、再分配のプロセスが機能する都市として現れたのだ。それはあたかも複雑さをきわめたラゴスから、ひとりでに組織されたパターンがいくつも浮かび上がってきたかのようでもある。そして最終的には、ラゴスはそれほど悪くはないということになったのだ。

この方法自体は、無論様々な異論を呼ぶだろうしラゴスの状況を経験しそれをよく知る人々の多くが、このプロジェクトを楽観的過ぎると批判するのは間違いない。なぜなら多くの人間にとって、ラゴスが名誉を回復することなど考えられないからだ。ラゴスは今も「地上に存在する地獄」である。たとえこの都市で自然につくられ、機能してきたメカニズムがいかに独創的なものであるにせよ——そのメカニズムも、せいぜい根深い困難の状況をわずかに緩和するものでしかないが——ラゴスが問題を抱えた都市であることに何ら変わりはないのだ。

とはいえここで問われるのは、AMOの視点が正確であるか否かという問題よりも、AMOの考察にこのプロジェクト全体を土台からなし崩しにする点が見いだされるか否かという問題である。ジャン・ボードリヤールのような批評家の見地に立てば、このような考察は美化の形式に等しいということになる。それは世界を現実逃避としての世界、あるいは楽観的な世界へと変容させるからである。▼1

したがってこのラゴスの調査プロジェクトを包装しているもの自体にも問題が存在する。すなわちブルース・マウの影響の下に、優美でデザイン性が意識された本のことである。この本は、世界中の洗練された美術館や画廊のブックショップの至る所で、アルド・ロッシのエスプレッソ・メーカーやフィリップ・スタルクのレモン搾り器と一緒に売られている。コールハースは、ラゴスを瀟洒なデザイナーによるオブジェへと変容させたのか。つまり彼は、ラゴスを無感覚なものにしてしまっただろうか。

ここであえて私は、コールハースをこのように簡単に片づけてしまうのは、彼のアプローチの微妙な部分を無視してしまうことであると主張したい。ポストモダンの文化の範疇においてなされた美化に関する批評の多くは再考される必要がある。実際ポストモダンを支えていた種々の状況は、文化的所産が物質的状況の変化に応じて進化していったように、自らの範疇の限界を超えていった。ひとつの新たなパラダイムがすでに出現しているのであり、それは以前にも増して故意に現代文化の豊潤な視覚的領域に関わるものなのだ。

私は「カムフラージュ」の理論を提示することで、コールハースをより好意的な見地から判断し、彼が執筆したものと建築作品との両方における彼のデザインの意義を解釈してみたいと思う。コールハースは、現代の文化的範疇に存在するジャンクスペース（ガラクタだらけの雑然とした空間）を批判する態度をとっており、彼の作品はそうした視点から考察したデザインの社会的役割を表すものとなっている。私の理論は、そのようなコールハースの作品に内在する視覚性のロジックを表明する遡及的なマニフェストとして提示されるものである。

しかしなぜ遡及的なマニフェストが必要なのか。理由のひとつは、それがコールハースの作品が暗示している種々の考察を明確化することに役立つからである。そうしなければ、それらの考察は言及されないままになるであろう。数ある考察の中でも特に重要なのは、美的なものについての問題である。多くの人が彼の建物が優美であると認めるにもかかわらず、コールハース自身は美的なものの考察についてほとんど言及を行っていない。この点でコールハースは、同世代の建築家たちに共通してみられる習性に同意しているといえる。つまり作品は美しいかもしれないが、その美しさは決して認知されることはないということである。それはあたかも「美的なもの（美学、aesthetics）」という言葉が現代のデザイン文化においてはタブーになったかのようである。

この問題は、コールハースの出版物を考慮した場合により明確になる。AMOもしくはハーヴァード大学デザイン大学院が中心となって行われた彼の調査はすべて、現代文化がいかに作用しているかを解釈する試みであることを特徴とする。グラフやダイヤグラム、そのほかの統計学的分析法を通じて、それらの調査は今日の社会を形成している要素やそれに影響を及ぼす要素の探求を試みている。調査において重要視されるのは、表面上に現れたものの下に存在するプロセスである。[2]

しかしながら奇妙なのは、これらの調査の出版物が常に優美な体裁をとり、巧みにデザインされたものであるということだ。最も優先的に考察すべきことはプロセスの解釈を試みることであるはずなのに、その出版物は表象という認知されない議論を肯定するものとなっているのである。単なるダイヤグラムやグラフではない。それらは巧みにデザインされたダイヤグラムやグラフなのだ。コールハースが、ブルース・マウを初めとするデザイナーたちと共同で作業を行うことは、デザインが彼にとって重要な考察事項であることを露呈する。

表象（representation）——それは美的なものの領域でもある——についての議論は、本であれ建物であれ、コールハースの作品においては黙殺された状態にある。しかしながらコールハースが完全に美的なものを無視しているようには思えない。「ジャンクスペース」に対する彼の反論は、美的な改革以外の何物でもないのではないか。しかしながらこのようなパラドクスが生じるのは、コールハースの「ジャンク」の理論に付随する美学理論が存在しないためである——「醜いものについての新たな教義」に付随する美の教義はないのである。したがって本論文では、不在となっているコールハースの作品における美学理論を提示することを試みたいと思う。

ボードリヤールなど忘れてしまえ

近年においては、イメージ主導の文化に呼応するように様々な視覚的戦略が登場した。これらの戦略は、イメージの使用を意図的に操作するものとして現れた。その初期の例のひとつに写真家シンディー・シャーマンの作品が挙げられるが、彼女の作品との関連性が認められる最近の例は『ウォールペーパー（*Wallpaper*）』のようなデザイン誌や、ポップカルチャー全体に認められる。私が主張したいのは、このような領域にこそ『S, M, L, XL』が位置づけられるべきだということである。

視覚的戦略は常に人間が操作できる範疇で何らかの形式を伴って存在していたが、今日のイメージ主導の文化においては支配的なものとなった。それらの視覚的戦略は、ポストモダンの状況を克服することと同義である。重要なのは、この操作のモードに認められる一過性の特徴である。ここでは、人間は突然変異の生物として認識され、その生物は絶えず進化し、永遠に変容し続ける物質的状況に対処するための新たな戦略を次から次へと考案し続ける。

これらの新しい戦略は、現代の状況に対する効果的な反応として見なされるが、現代の状況そのものを規定しようとした戦略もまた効果的な反応であった。この視覚的戦略は単調な日常生活からの解放の手段としてではなく、現代における存在のあり方を明確に図式化するものとなった。それによって我々は、イメージが過剰に意識される自らの社会に対して主に否定的な見解を示したポストモダンの批評家たちに、疑問を投げかけることを強いられた。

高度に視覚的な文化の中にいる人間が、もはやイメージの猛攻撃に圧倒されていると考えるのではなく、イメージを、イメージ自体が権限をもつ領域として認識する必要がある。このようなイメージの領域は、本来あるべき理想的な状態が失われたもの、あるいはそれが隠蔽されたものという否定的なとらえ方をされるのではなく、自己表現のひとつのモードであるという肯定的なとらえ方をされるべきである。この点でカムフラージュの概念は、アイデンティティの形成における表象の役割を重視する精神分析学の視点と緊密に連係する。

したがってこの新しい視覚的なパラダイムは、ポストモダンの批評家による主張の根本的な問題点を露呈する。彼らが主張したのは、現代の文化においては、現実が表層的なイメージによる作用の下にいわば消失させられたということである。ギ・ドゥボールはかつてスペクタクル社会においてアイデンティティが失われたのは、イメージと商品があらゆるものの媒介者となったからであると主張したが、それは真ではない。[4] むしろブランディングの文化においては、その領域の至る所でアイデンティティ自体が捏造されているのである。さらにボードリヤールが主張したのは、現実は我々のハイパーリアリティの文化における「コミュニケーションのエクスタシー」によって曖昧なものと化したために、効果的に「盗まれた」ということであるが、これも誤りである。[5] 精神分析学的な思考に従えば、我々が現実であると考えているものは、実際は想像的なもの（imaginary）なのである。現実と呼ばれているものが作用している場は、まさに表象の想像的な領域にほかならない。

さらにいえば、ポストモダンの言説の多くにみられるイメージの全体主義的な扱われ方そのものが、不毛であると見なされ始めている。イメージを基盤とする我々の社会について批評したものの多くは、ある種イメージについての均一的な解釈を示している。デザインや構図についての考察はそこには見当たらない。しかしながらイメージは、ある種の結合の形式を確立する上で有効に作用したり、そうでなかったりする。その可否は、各々のイメージの性質に大部分依存しているのである。

シミュラークル、シミュレーション、表層性。しかしながら我々が住むこの奥底のないハイパーリアリティーの世界、すなわち表層的なものが効果的に作用するこの文化が、ある種の肯定的な態度を有していることは明白である。我々は、ギ・ドゥボールやボードリヤールによる批評を乗り越える必要がある。彼らの批評は美学上の袋小路を導くものであり、視覚的領域で活動する建築家やそのほかの人々がもつ権限を根本的に剥ぎ取り、彼らが効果的に操作することを不可能にしてしまう。そしてさらに重要なことは、現代文化の範疇において視覚的な領域がきわめて重要な役割を演じていること自体を、我々が認識する必要があるということである。失われた深遠な文化といったものを渇望するよりも、我々は現在の文化を喜んで受け入れなければならない。それは魅惑と誘惑に満ちた浅薄な領域である一方で、自らがもつ普遍的な魅力によって、その浅薄さの埋め合わせをする文化なのである。

イメージは、アイデンティティを確認する場として作用する。イメージは、服の着こなし方や自己表明の仕方、あるいは様々な環境において我々がどう振舞うべきかなどにおいて我々と世界とを結びつけている。

なぜなら現実は、シミュレーションの世界の下に埋もれてしまったわけではないからである。シミュレーション自体が、相互作用の新たな領域となっているのである。したがってこのような現象を容認するだけでなく、そこに入り込むための戦術が必要になる。このことはＡＭＯの活動に明白に現れている。というのもその活動においては、たとえば「観光業」の戦略のようなデータの緻密な分析を補強する手段が、我々の現代文化の範疇を航行する方法として採用され、その一方でシミュレーションのようなボードリヤール的な概念が再び盗用され、有効な手段に変容されているからである。

ジェフリー・イナバは次のように述べている。「ＡＭＯは調査のための手段として『観光業』を採用した。『厳然たる』事実の探求を補強する手段として、ＡＭＯは徹底的な観察を行うことに目を向けたのである。その手法は主観的で状況的であるという批判もあったが、『観光業』という形式の観察は、その手法でなければ入手不可能な現実世界の事象についての情報を得られた点できわめて有効な手段であった。この点で我々は批評的客観性を危うくしつつも、それと引き換えに直接性や鋭い洞察がもたらす客観性、既得の専門的技術が有する能力といった利益が得られたことに満足している。観光業の概念が容認するのは、表層性と不純化が避けられないものであるということである。同時にその概念は汚染をも享受する。ＡＭＯは偽りの現実を評価することに積極的である。偽りの度合いが大きいほど、より良くなるのである。[6]」

この新しい視覚的なパラダイムは、ＡＭＯの活動のあらゆる部分に明白に現れており、活動の中軸を担っている。しかし我々はどれほど正確にそれを説明できるのか。それはどのように作用するのか。そこで私は、この視覚的なパラダイムの裏側にあるロジックを理解する試みのひとつとして「カムフラージュの理論」を提示したいと思う。

カムフラージュの理論

1.0 「カムフラージュ」という用語を我々はどのように解釈しているのか。まず本論文においては、この用語が軍事用のカムフラージュといった慣習的な意味で、つまり狭義の意味で用いられているのではなく、文化において常に作用している表象や自己表象（self representation）といった広範な意味で用いられているということを明らかにしておきたい。軍事用のカムフラージュは、単にカムフラージュのより広範なカテゴリーの一部に過ぎない。実際ファッション業界において戦闘用のカムフラージュ服（迷彩服）が使われ出したことは、カムフラージュが服装の一種になり得るだけでなく、服装自体がカムフラージュの一種となり得ることを明示している。この点で軍隊の行進において兵隊を目立たせるけばけばしい正装用の服と、軍事的戦闘において彼らを周囲の環境の中に隠すために着用される服はともに、カムフラージュの例として等しく扱われるのである。

1.1 カムフラージュは仮装の形式であり、表象のモードである。しかしカムフラージュは、服装や化粧、髪型などの意味での自己表象に限られるものではない。むしろカムフラージュは、表象の媒体そのものを通じて——すなわちアートやダンス、音楽、詩、建築などを通じて——作用するのである。カムフラージュは、自己を覆い隠すことよりも、表象の媒体を通じて自己を環境に連関させることを意味する。あらゆる種類の美的表現は、高級な芸術から大衆的な音楽、宝飾品から都市計画に至るまで、自己と環境とを媒介するものとして作用するのである。

1.2 したがってここではカムフラージュは、所定の文化的状況の中に個々の主体を記すためのメカニズムとして理解される。このメカニズムは、そのような文化的状況といわば視覚的に同等である必要はない。たとえば他者の背景において自己を規定することが不可能となるような状態になる必要はない。

カムフラージュの役割は偽装することではなく、他者との連関を可能にする媒体を提供することなのである。カムフラージュは、象徴化（symbolisation）のモードを構成する。それは、結合の形式として機能するのである。

1.3

したがって軍事用のカムフラージュは、カムフラージュが包含する可能性がきわめて狭義に解釈されたものでしかない。しかしながら軍事用のカムフラージュが内包する特定の意味は、カムフラージュが有するふたつの重要な特性を描写するのに役立つ。その特性とは、視覚的な世界を強調していることと、本質的に戦略的であるということである。

2.0

カムフラージュは、視覚的な領域に限定されない。それはほかの感覚、とりわけ臭覚と聴覚の領域において役割を得ることが可能である。香水はまさにカムフラージュの作用を規定する自己表象の仮装の一部である。同様のことが、ある種の環境をつくり出すためにしばしば使われる音楽にも当てはまる。

カメレオンは臭覚と聴覚は弱いが、視覚は非常に発達しており、視覚的カムフラージュをきわめた生物であるといえよう。人間の視覚はカメレオンほどには発達していないが、ほかの感覚はかなり発達している。それにもかかわらず視覚は最も有効な感覚であり続けている。人間は視覚を特別視したがる生物であり、視覚的カムフラージュは人間の行動において最も重要な役割を演じるのである。これと比較すると、多くの動物はより洗練された臭覚や聴覚を有する。たとえば犬は人間が感じるよりもはるかに広い範囲の匂いや音を感じ取ることができるのである。

2.1

したがってカムフラージュは世界とのインターフェースであると解釈することが可能である。化粧や服装、髪型による自己表象が自己の再提示（self re-presentation）形式であるのと同様に、カムフラージュは自己を再提示する（re-present the self）仮装として作用する。しかしながら、それは一時的な状態である必要はない。表層的な仮装は、アイデンティティの問題に対して恒久的な影響を及ぼし得る。それは表面の下にある自己の真の意味を否定するのではなく、実際は自己のひとつの意味の一因となり得るのである。したがってカムフラージュは、表象の媒体を通じて人間のアイデンティティを構成するメカニズムとして見なされるべきである。

3.0

伝統的にカムフラージュは、所定の背景の中に身を隠す戦略に言及するものとしてとらえられてきた。しかしながら本論におけるこの用語の広範な意味においては、カムフラージュが露出と隠蔽の両方に言及するものであることを最も認識する必要がある。カムフラージュは、所定の背景における多種多様なレベルの自己規定を描写するものである。つまりカメレオンは、体の色彩を変えられることを時には環境に溶け込むために、時には環境において自らを目立たせるために使っているのである。

これらの変化は、カメレオンのその時々の気分に依存する。人間はこの行動を模倣したのである。様々な瞬間に人間は群集から目立つことを欲したり、そこに紛れることを欲したりする。したがってカムフラージュは、個人が表象の媒体を通じて、自らと所定の背景とを関係づける装置として作用するのである。それは背景の一部になることであったり、自らをそこから目立たせることであったりする。

3.1

ここでより肯定的な思想家の批評の例として、フレドリック・ジェイムソンの批評を引用しようと思う。ジェイムソンは、社会に個々の主体を再び書き込むメカニズムを求めて、表象の領域に注目した。彼が発展させた「認知的地図作成（cognitive mapping）」の概念は、後期資本主義における空間的座標の欠如を乗り越える役割を果たした。[7] 彼はそのような地図作成が美的な領域において可能であることを見いだしたのである。ジェイムソンが言わんとするのは恐らく、今日の我々に必要なものは、社会に再び個人を書き込むのに適した美的表現の形式であるということである。したがって美的な領域はある種、二面性をもつものとして見なされることになる。それはあらゆるものがイメージと商品に吸収される文化において、我々が抱える様々な問題の源泉ともなり、同時に恐らくその問題の解決策ともなるのである。

3.2

現代における存在は、均質的に所定の場所をもたない状況にある。カムフラージュはそのような状況において、自己の位置づけを行うメカニズムとして作用する。それによってカムフラージュは、場所との結合および付着の感覚を助長する。

つまりカムフラージュは、伝統的な帰属意識の構造——すなわち家族や教会など——が崩壊し始めている社会において、社会への帰属意識をもたらし得るのである。この帰属意識という美意識は、宗教的献身や情緒的なつながりといったほかの帰属意識のモードとも比較し得るものである。

4.0

こうした作用がいかなる美的表現を採り得るのか、という問題はまだ残されている。いかなる美的表現もそれぞれの時代の状況に支配されることは明らかである。美的領域は、個人が世界において意味を見いだすための象徴化のプロセスとして機能する。ここでいう意味とは、あたかも美的表現の価値を暗号のような隠された意味にのみ置く、意味作用（signification）に関わることではない。それは、むしろ個人と美的表現とのダイナミックな相互作用を通じて生み出されるものを指す。しかしながらこの意味は文脈に依存するものであり、容易にその妥当性を失いがちである。それゆえに我々は、かつては有意義なものであったが、今ではありきたりのものとなった様々な芸術表現を目にすることになる。もはや大衆がまったく共鳴しなくなった時代遅れのアートの典型例は、アートが流行から逃れられないものであり、流行のロジックの範疇にまさに内接させられているものであることを示している。流行は、どの美的表現が特定の文脈に適したものであるかを決定するのである。

4.1

美的な産物は、自己と環境との媒介者として機能する能力を備えている必要があるが、それができる美的産物は、そのデザインが巧みに制御されているものだけである。したがって生産的な表現モードと非生産的な表現モードとの違いは、デザインの問題にある。この点でデザインが、環境の中に個人を「認知的に書き込む」ための結合の形式を提供することによって、重要な社会的役割を担っていることが認識される。デザインはカムフラージュの効果的な作用にとって、最も考察されるべきものとなるのである。

結論

「カムフラージュ」の概念は、現代社会におけるデザインの意義を強調することになった。ゆえに『S, M, L, XL』のような精巧にデザインされた作品は「粉飾化の」プロセス——世界をデザイナーの表象に変えてしまうプロセス——によって批判されるようなきわめて美的な出版物に過ぎないと考えられるべきではない。むしろ精巧にデザインされた作品は、まさに現代文化という場所において、すなわち非常に視覚的な場所において機能していると見なされ得るのである。

しかしこれよりも重要なのは、カムフラージュという概念が、美的領域のより社会的な広がりを認識させることである。美的領域が有する無感覚の性質についてのあらゆる批評を超越して、デザインは象徴化のモードを提示する上で大変重要な役割を果たしている。この主張にはさらに別の側面もある。AMOによる分析は、デザイナーが手掛けたグラフや地図、ダイヤグラムに加えて、優美に仕上げられたテクストや挿図を伴っている。それは、美化であるとして——言い換えれば彼らが取り上げた社会的・政治的主題を綺麗に洗い落としたものとして——非難されかねないものである。しかしながら同時にそれは、人々を環境に関係づける結合の形式の提示を通じて、デザインのより社会的な広がりを示す新しいパラダイムの範疇で機能しているものなのである。

したがってカムフラージュの概念は、コールハース自身が採り上げているいくつかの問題にも答えるものとなる。たとえば彼は「ジェネリック・シティ」のエッセイにおいて、現代の都市風景における場所の不定性について論じている。そのような都市風景においてはどの都市も同一に見えるのである。これに反してカムフラージュの理論は、デザイン自体が個々の主体と環境とを関係づけるメカニズムをもたらすことで、そのような状況を克服できることを示唆するように思える。この点でデザインはジャンク（雑多なもの）と対立する。もしジャンクな都市が、場所が特定できないジェネリックな都市となったのであれば、精巧にデザインされた都市は、空間的地図作成という新しい形式の都市となり得る。したがってこのカムフラージュの理論は、コールハースの作品を評価するための遡及的なマニフェストとしてだけでなく、彼が導入した議論に対しても寄与するものとして提示される。

カムフラージュの理論は、少なくとも近年のポストモダンの文化についての批評においてしばしばうかがえる美的領域を短絡的に軽視する態度を乗り越え、美的領域が可能にする世界と自らとの折衝に内在する複雑さを理解することへと向かわせる。それは何といっても現代文化全体だけでなく、コールハースの作品自体にとりわけ顕著な、美的なものの戦略的意義の重要性を我々に認識させるのである。

1▼ この点に関して、筆者による他の論文から以下の通り引用する。「世界を美化することは、無感覚なものの形式を誘発する。それは、苦痛についてのあらゆる概念を魅力的なイメージのレベルに還元することである。この美化のプロセスが孕む危険性は、政治的、社会的要因が包含され、吸収され、否定されることにある。イメージの誘惑は、社会との関わりを支える、あらゆる概念に反するかたちで作用する。建築はこの美化の領域の中で、妥協を余儀なくされる可能性を秘めている。建築家は束の間のイメージや、表層的な膜を盲信する美学に懐疑的であると思われる。世界は美化され無感覚なものとなる。このようなイメージが生じさせる感覚が失われた世界では、建築の美学が建築の無感覚性となる危険を孕んでいる。」Neil Leach, *The Anaesthetics of Architecture*, Cambridge, Mass 1999, p.45.

2▼ したがってこれらの考察は、同時代の建築的文化において普及している方法論的なアプローチに大方沿ったものといえる。ジル・ドゥルーズの思想に刺激されたそのアプローチは、戦略的なプロセスが表象よりも特権的な力を有するというものである。

3▼ これは、ポストモダン文化の遠近図法を越えることを試みているとも思われる建築文化に特徴的な傾向を反映するものである。しかしながら我々はドゥルーズの言葉を借りれば、プロセスが常に表象とつながっていることを認識する必要がある。プロセスは表象の中に織り込まれるのであり、逆の場合も存在する。戦略的には、表象よりもプロセスを重視する必要があるだろうが、だからといって表象の意義は決して無視されるべきではない。

4▼ Guy Debord, *La société du spectacle*, Paris 1967 and 1971. English translations: *The Society of the Spectacle*, Detroit 1977, and translated by Donald Nicholson-Smith, New York 1994.（邦訳はギ・ドゥボール著、木下誠訳『スペクタクルの

社会』ちくま学芸文庫、筑摩書房、２００３年)

5 ▶ Jean Baudrillard, *The Perfect Crime*, translated by Chris Turner, London 1996. (邦訳はジャン・ボードリヤール著、塚原史訳『完全犯罪』紀伊国屋書店、１９９８年)

6 ▶ Jeffrey Inaba, 'Plan for Now' in: Neil Leach(ed.), *Designing for a Digital World*, London 2002, p. 139.

7 ▶ Fredric Jameson, 'Cognitive Mapping' in: Michael Hardt and Kathi Weeks (eds.), *The Jameson Reader*, London 1999, pp. 277-287.

不気味な建築
アンソニー・ヴィドラー

Anthony Vidler, The Architectural Uncanny: Essays in the Modern Homely, Cambridge, Mass 1992, pp. 192-193.

アイロニーは、明らかにOMAの初期の作品に見いだされる比喩の形式である。さらに、それらの初期の作品群をひとつの一貫した「プログラム」として位置づけるレム・コールハースの著作『錯乱のニューヨーク』においても、こうしたアイロニーの形式が用いられている。『錯乱のニューヨーク』には、大胆にもOMAのイメージやテクストから成る補遺がつけられているが、この著作におけるテーマやフォルム上の戦略の選択自体もまた大胆極まりない。それらのテーマや戦略は、モダニストによるメトロポリスの考察という長きにわたる伝統から借用されたものであり、この著作が披露するのは、無意識につくり出された人工物である近代都市を、前衛の自意識的な苦悩に変容させたあらゆる手法に関する細かな知識なのだ。その手法とはすなわち、ゲオルク・ジンメルやジークムント・フロイト、エミール・デュルケームらが提示した社会学や精神病理学としてのメトロポリスであり、オットー・ワグナーやル・コルビュジエが提唱した技術のイデオロギーとしてのメトロポリスであり、さらにはシャルル・ボードレールが『パリの憂鬱』（1855-65年）で述べたメトロポリスの神秘的構造が、ヴァルター・ベンヤミンの映画についての文章の中で、高尚な芸術というモンタージュに高められたことにほかならない。

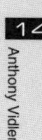

かつては映画制作者であり脚本家でもあったレム・コールハースが、このような著作を生み出したのは想像に難くない。想像できなかったのは、上記のように借用したものをテーマの巧みな扱いによって、アイロニカルに転覆させようとする彼の手法である。たとえばまったくの見世物としてコニーアイランドに造成されたプロジェクト「炎との闘い」を、1911年にその遊園地全体を焼き尽くした本物の火事と並置させることで（その遊園地自体、多くの人々の努力により娯楽施設としてつくられたものである）、そうしたプロジェクトの衰退と実際の火事とを対比させる手法は、決して笑いを誘うものではない。それは政治的なアイロニー、あるいは超現実主義者のアイロニー、極上のアイロニーとでも言うべきものか。しかしそうしたアイロニーが、マンハッタンに娯楽性と経済的利益をもたらした未来的プロジェクトと並置された際には、アイロニーとは程遠いものを露呈したのだ。

この火事の部分の記述は、一方では、その事実関係を語るものとして「基礎」「火事」「終焉」といった章立てがなされ、他方では上述したような並置が図られている。そのやり方自体、伝統的なモンタージュの手法であり、著者のスタンスなども含めたあらゆるものに対して疑問を投げかける手法にほかならない。

これを素晴らしい手法として称え、諷刺的な読み物として受け入れる者もいるだろうが、しかしながらこれは、いかなる建築的行為に対する基盤も提供しない。批評的であることを自ら意識している著者は、こうした手法を選択することで、前衛的な建築家の運命に抗おうとしているかのようだ。我々はもはや埋立地にウェルフェア・パレス・ホテルが建つことなど期待してはいない──というより、我々は何も期待していないのである。物理的なものよりもむしろ精神的なものが実感できるときに唯一作用するのは、アイロニーだけなのだ。

しかしながらOMAは、初期にウィットに関して行った分析と並行して、ホテルやリゾート、コンドミニアム、オフィスビル、住宅、さらには刑務所や国会議事堂に至るまで数々のプロジェクトを実現させようとしている。これらがアイロニーの類ではないことは確かだ。しかし今回は、洗練された人々の好奇心をそそるような手法を用いることで、OMAは新たな建築的行為というテーマにおける支配的地位を保ち続けることに成功している。さらに彼らの今のそうした地位は、かつてのようにドローイングや物語の特徴だけで支えられているわけではない。もっといえばイラストを伴った凝ったシナリオを我々に提示しているわけでもない。現在のOMAが手掛けるドローイングは、極上のものであることには間違いないが、過去にマデロン・

フリーセンドルフが描いた都会的ウィットともいうべき超現実主義的な機械の絵とはまったく異なっている。それらはむしろ冷酷なまでに「科学的な」ドローイングであり、計算とＣＧの所産である。機械がもてる融通性を単に活かして所定のアングルで切り取られた様々な光景である。そこでは、現実がこれ以上は望めないほど正確に再現されているだけでなく視線や量感、人間や事物の動きの解析も行われている。これらのドローイングはもはや形式主義者の技法を変容させることで、ありふれたものを予期しないかたちで打破することを目論んだものではなく、ありのままの光景を突きつけることで「このように見えるだろう」と我々に冷酷に言い放つ現実主義ともいえるのである。

モダニティの終焉：レム・コールハースによるエントロピーの言説

オクウィ・エンヴェゾー

私は、家屋の内装や外観、ならびに都市の設計において、一切の既知の趣味が回避されているがゆえに現代的と信じられているある主要都市の、束の間のさほど不満もない市民だ。

「都市」アルチュール・ランボーより▼1

タブラ・ラサ（完全な無）：都市に関するあらゆるものについての理論

都市というテーマや主題は、それをモダニティ（近代性）の中心に据える多くの人間を惹きつけているために、いっこうに廃れる気配はない。ある者はランボーにとっての19世紀のパリが、コールハースにとっての20世紀のニューヨーク――マンハッタンを中核とし、新たな感性の方向を示すことにかけてはほかの都市が太刀打ちできない都市――であると考える。同様に、19世紀末に生まれたヴァルター・ベンヤミンは「パリは、19世紀の首都であった」と語り、オスマン卿によって中央集権的な都市計画が施されたこの都市を回顧した。そして20世紀半ばにある1944年に生まれたコールハースもまた、その類まれなる著作『錯乱のニューヨーク』の中で、世紀末のニューヨークに発作的に現れた建築群が、組織的なプランニングと思索的な都市計画の急進的な所産であったと振り返ったのである。

この20世紀の「最も偉大な」都市の分析が、コールハースの全作品に対してきわめて重要な批評的意義をもたらしていることは、彼の作品や実践にみられるあらゆる分析が『錯乱のニューヨーク』に立ち返り、そこから始めることを余儀なくされている事実に明らかである。なぜならこの本こそが、都市に関する彼のあらゆる活動を取り巻くものの本質であると直感させるからである（同時にそのことは、しばしばはっきりと示されてもいる）。この本で提示されている理論や考えは、コールハースのタブラ・ラサを表象する。すなわちそれは、21世紀の都市とアーバニズムに関するあらゆるものについての理論に等しい。

しかしながらコールハースがマンハッタンの遡及的なマニフェストとして示した『錯乱の

ニューヨーク』は、遡及的マニフェストというよりむしろ、廃れたものや亡霊化したものを思索する弁証法である。その思弁の対象となるのは、きわめて西洋的な空想の残骸としてのモダニティであり、その残骸の上では、ユートピアと惨禍、再生と破壊の亡霊が絶え間なく復活させられるのである。

この弁証法におけるコールハースの仕事は、伝統を体系的に解体することに着手した20世紀前半の前衛運動の考えに通じている。空間が巧みに捏造されたマンハッタン、すなわち「マンハッタニズム」は、この都市の創造的破壊（ゴードン・マッタ＝クラークのアナーキテクチャー：an-architecture の概念を想起させるもの）と空間上の縫い目——すなわち19世紀に光景と不動産の売買によって生じた人間居住学的なグリッド上に積み重なるごちゃ混ぜのフォルム——との詩的な結合を露にする。見世物的な夢と具体物である「マンハッタニズム」が20世紀のモダニティの終末において表象するのは、まさに西洋の終焉の状態なのである。[2]

こうした解釈は、コールハースの摩天楼に関する論文の中ではっきりと述べられているわけではないが、ほかのあらゆる次元ではそれが明確に示されている。例えば彼は西洋以外のアーバニズムのモデルを分析するにつれ、マンハッタンが単なる近代都市に過ぎない、と考え始めたのではないだろうか。というのもサンパウロやクアラルンプール、香港、メキシコシティ、上海といった都市は、少なくとも規模の点ではマンハッタンを凌ぐグローバルな巨大都市だからである。これらの都市は、その巨大な規模によってマルク・オジェの用語を借りれば、スーパーモダニティの概念を表象している。とはいえモダンとスーパーモダンの表層的な対立が、非西洋に敗北した西洋の徹底的な根絶を明らかに描写し、語ると考えられるべきではない。モダンは終焉を迎えたかもしれないが、スーパーモダンもまた、遅きに失し機会を逃したのだ。つまりそれは、近代建築の完全な凡庸化を極端に示すシニフィアンなのである。

このような老朽化と若返りの目まぐるしい周期が示す、モダニティの終焉についての批評的弁証法は、「マンハッタニズム」の例証であるといえる。この遡及的マニフェストにおいて、コールハースは実証主義的な見地とはまったく異なる見地に基づく視点を提示する。すなわち彼の本は「理論上のマンハッタン、論理的推論の産物としてのマンハッタンを描き出す。現存の都市はこのマンハッタンなるものの妥協的にして不完全な実現である。」[3] 言い換えれば、この都市は建てられるために存在し続ける「未来のマンハッタン」である。

しかしそうした奮闘の中から、「最も鮮明に際立ち、最も説得力をもつ」モデルを提示する「マンハッタンのアーバニズムに関するエピソード」だけが「マンハッタンから生じたマンハッタンに関する否定的な分析、つまりマンハッタンを絶えざる危機の中心地として強固に見なす大方の分析とは対立するものとして読まれなければならないし……完全なるマンハッタンを論理的推論によって再構築することで初めて、その記念碑的な成功と失敗が読み解かれる」

ために選ばれているのである。[4]

したがって「マンハッタニズム」は、モダニティの限界と回帰についての歪んだマニフェストである。衰退と復活を繰り返すという盟約に裏づけられたこのマニフェストは、フロイトが『快感原則の彼岸』において記した有名な「いない／いた（fort/da）」の場面における絶え間のない回帰の概念に呼応する。フロイトは、子供が紐のついた木製の糸巻きのおもちゃで遊ぶのを観察している時にその概念を展開させた。子供は、おもちゃをゆりかごの上に向かって投げる時に「オーオーオー」という叫びを上げる。（その叫び声をフロイトは、「いない（gone）」を意味するドイツ語「fort」に翻訳している。）その後、子供は回帰を予告していたおもちゃを取り戻す時に、ほかの叫び声を上げる（それが「いた」を意味する「da」である）。フロイトはこれを完結したゲームであると結論づけた。すなわち彼は、このゲームの消滅と回帰を人間の抑えがたい欲望としての消滅と再現の繰り返しの行為として記したのである。[5]

こうしてモダニティは、繰り返すという欲望に捕われたままになる。そして近代都市以上にそれを具現化したものはなく、それが神格化されたのがマンハッタンにほかならない。マンハッタンが行ったモダニティのゲームとは「錯乱」である。マンハッタンはエロスとエゴの垂直方向における発現を絶え間なく行った点で、錯乱しているのである。しかしながらこの錯乱はまた、都市の可能性の限界をも示している。死への衝動の原型としての空想と破壊の結びつきは、歴史を通観しつつ、それに対する論議も行うコールハースの陳述を活性化する。その陳述はまた、主体や生活に与えられたあらゆるフォルムが、いずれは衰退し、そして再び取り戻されることを声高に予告しているがために、より一層黙示録的なものとなる。

そうした予告は、コールハースを道徳家、あるいは神の使いにしてしまったのだろうか。それともコールハースは、希望を伝える新たな使者か、あるいは、(彼の作品も含めた) あらゆる近代建築に認められる斬新さが、実は予め加速的なエントロピー (不確実なもの) として運命づけられた不活発なものに過ぎないと評する皮肉屋なのだろうか。こうした兆候の正体は、何のことはない「進歩」である。つまりコールハースは進歩を賛美し、攻撃してもいるのである。

都市においては、摩天楼がこのような進歩のイコン的なフォルムとなる。しかしその摩天楼の進歩は (それは、機能の結合という「総合芸術」における精巧な工学技術と空間の圧縮および反復の組み合わせである)、放蕩者が前に向かって歩く時と同様、常に自らの限界と衰えに直面する。特に9・11の事件以来、摩天楼はもはや文化における西洋の優越性と進歩を表す男根状のジェスチャーではなくなった。ロウアーマンハッタンに建つワールド・トレード・センターのタワーが崩壊するイメージが、ループフィルムのように繰り返されることによって我々は突然、モダニティの終焉という人類の末世に引き戻されたかのように摩天楼の没落に直面させられたのだ。

言い換えれば今日、摩天楼が時代遅れのものとなったのは、それが機能性と効率性を欠いているからではなく、むしろそれが近代的進歩の象徴としての妥当性が疑われる段階に入ったからである。

ほかの多くの近代のユートピアの形式と同様、摩天楼を上へと向かわせる推力も、すでに解放という理想を呼び起こすものではなくなった。今日ではそれは、保守的であるばかりでなく、時代に逆行しているようにも映る。このことはひとつの問いを生じさせる。すなわち摩天楼が有する空間的効率性を埋め合わせるのは、一体どのようなフォルムの建築なのか、という問いである。

「過密の文化」を臆面もなく称揚することから巧みに転向して、今や「ジャンクスペース」(恣意的な建築計画が施されたその種の乱雑な空間は、「非-場所(non-spaces)」しか再現し得ない。[6] この「非-場所」の概念は、ロバート・スミッソンが、工業化により荒廃した場所の跡地を「近代のノン・サイト(non-sites of modernity)」と命名したことに近しい)と称されるものを嘆くコールハースは、都市をタブラ・ラサとして扱う。

彼のこうしたやり方が示唆するのは、都市の解釈の方法論として都市計画の分野に限られがちな理論だけでなく、人類学や民族誌学的な理論を適用することも可能だということである。スミッソンも自ら命名した「ノン・サイト」を芸術的冒険を試みるための考古学的なサイトとして扱った。ゴードン・マッタ＝クラークも同様の方法論であったが、彼の場合は詩的暴力のロジックを転覆させ、無秩序を称賛することで、都会の荒廃した乱雑な場所の構造そのものを破壊した。

都市の組織をモダニティの残骸の一部として扱うことは、スミッソンやクラークの活動に近しいだけでなく、シチュアシオニスト・アンテルナショナル（1950年代後半から70年代初頭にかけて、ヨーロッパ各国を舞台に、社会・政治・文化・芸術の統一的実践を志向した国際的集団）がその批評活動において行った都市に対する攻撃にも結びつく。

『錯乱のニューヨーク』の有名な冒頭部分でコールハースが記したように、マンハッタンとその多様な亡霊のようなフォルムにおいては「マニフェストはなく、明白な具体例が山ほどある」だけなのである。逆に言えば彼はマニフェストの本質的な弱点が、具体例が欠落していることにあると語っているのだ。

このような陳述は、コールハースのすべてのプロジェクトにうかがえる社会学的な方法論をかなりはっきりと示している。その方法論とはすなわち、モダニティの歴史全体をひとつの莫大な「山ほどある具体例」としてとらえ、それを一種の緻密な人類学的手法でもって調査し分析することである。それによって、包括的なマニフェストと思索的な理論を著すことが可能になる。

彼の調査プロジェクトである「都市プロジェクト（*Project on the City*）」がこれまでに手掛けた「ショッピング」「前に向かう大きな跳躍——珠江デルタ」「ラゴス」などの調査や展覧会である「ミューテーションズ」などが提示する労力の賜物というほかない膨大なデータからして、コールハースの方法論が、いかにモダニティや近代化が有する測り知れない価値（アジアにおける不協和音やハイテク熱など）と、その悪夢のようなシナリオ（放射能に汚染されたラゴスの都市風景）に魅了されたものであるかをうかがい知ることができる。したがって山ほどの具体例を入念に解きほぐすことは、時間性（過去と未来）と空間性（遠近、場所の有無、サイトとノン・サイト）と状況（ユートピアと暗黒郷）とを結びつける、抽出的で移動可能な理論のモデルとなり、新たな物語やテクストや表象となるのである。つまりしばしばモダニティに結びつけられる都市的、社会的現象が、コールハースが行う瞑想とマニフェストの執筆にとっての糧となるのだ。

グローバリゼーションを促進する新しい情報処理システムという、技術科学的な文化の言説においては、あらゆるものが接続しているか、もしくはネットワーク化している。資本や文化、都市、欲望、惨事は、この混合物を構成する要素である。つまりそれは、関係性を再び秩序化し、差異化することであり9・11あるいはイラク戦争、アジア経済の崩壊あるいはアルゼンチンの内部崩壊、スペイン湾岸の環境汚染あるいはオーストラリアの難民問題などがひとたび生じれば、そのいずれも世界中の事件とその影響の同時発生を察知する新たな情報システムのパノラマ的な知覚範囲から逃れられないということである。したがってグローバリゼーションは、視点を構築し調整する過程を歪曲化すると同時に、それに対する感情移入も行う。

このように意識を現象学的につくり変える試みを把握しようとする考えは、植民地支配といった旧来の帝国主義にみられる縦割りの階級意識よりもむしろ、遠く隔たった場所を水平的に結びつける民主的かつ非階級的な構造を中心とする考えに拠っている。この水平的なモデルこそ、コールハースが新たに行う都市の調査の中核を成すものである。このような水平性のモデルの特徴は、その手法と融通性にある。つまり各々のケース・スタディにおいては、差異化という現象学的なシステムによって、それぞれの特異性が保持されるのだ。したがって各々の空間の分析にうかがえる感情の入り混じった論理は、それぞれ独特の価値を有するのである。

建設者の長という形容語句

建築史全体にわたって、永続的に用いられている形容語句がある。一時は、英雄としての意味や誇張された意味さえ与えられたこともあるその語は「建設者の長（master builder）」という用語である。この用語の好意的なイメージは、20世紀において確立されるとともに拡大され、近代の建築家（ル・コルビュジエ、ミース・ファン・デル・ローエ、フランク・ロイド・ライト、さらに現代のフランク・O・ゲーリーなど）が、巨匠たちの殿堂において文化的なイメージとしてのアーティストの地位を占めるまでになった。最近は、建設者の長であり至高のフォルムの供給者でもある建築家がもはや英雄であることを超越し、建築家自身とその建築が、進歩を表象する有名な神話や神格化、シンボル、イコンの産物となっている。

しかしながらポストモダンの建築家は、近代の先駆者たちほど高貴な地位を享受しているわけではない。彼らは曖昧な存在なのである。神でも神話でもないこの種の建築家は、20世紀後半の資本主義のスペクタクルな文化と、現代文化の不均衡性の根絶に拍車をかけるグローバリゼーションからの厄介な要求との境界に存在する。

コールハースによればこの点で、近代の建築は罪人であり、ポストモダンの建築家はその主たる共謀者であると言う。建築はすでにありふれたものとなり、ジャンクスペースの増殖によって一層落ちぶれたものとなった。ジャンクスペースは、「近代化が一段落した後に残ったもの、あるいはもっと正確にいえば近代化がまだ進行状態にある時に凝固したものであり、（もし）近代化が合理的なプログラムを有していたのであれば、すなわち至る所で科学の恩恵を共有していたのであれば、……ジャンクスペースはその美化であるか、あるいはその崩壊であるかのどちらかである。[7]」

ジャンクスペースが、無用な空間や死んだ空間という余分な製造物であるならば、かつて建築と称されていたものからは最も隔たったものということになる。したがってそれは建築の終焉の始まりを明示し、そのこと自体が建築家の死をも明示するのである。つまりそれは神の死であり、原作者の死であり、歴史の終焉である。我々は、過去にも無数の「何らかの死」によって、こうした道を辿ってきた。それは、ポストモダンの時代のニーチェの従者が、模範的な知識の否認を祝福したことでもあったのだ。

コールハースの「ジャンクスペース」のエッセイは、建築と建築家を痛烈に非難するものである一方で、さらに読み込んでいくと絶望的にそれらを愛する者の哀願の声でもあることが分かる。つまりコールハースはその熱烈な信奉者であると同時に背教者でもあるのだ。彼は建築が文化に及ぼす力を信じる一方で、建築を死んだものとして嘲笑もする。つまり建築が再生産するのはジャンクスペースのみであり、それ自体は建築ではないのである。おそらく彼ほどこの洗練された不一致性に適合する建築家もいないであろう。彼は故意に建設者の長という建築家の概念を冒涜しているのだ。つまり彼は建築家の立場と反建築家の立場の両方を同時にとっている。彼は、複雑かつ形式的で詩的な建築的構造と、滑稽なほど反建築的な構造（例えば、仮設パヴィリオンである〈トマス・ハーシュホーンの記念碑と売店〉）の両方に秀でているのである。

コールハースは、今日活動しているどの建築家よりも熱狂的な称賛と非難の両方を同時に生じさせるという羨ましい能力を謳歌しているのである。最近ナイジェリアのラゴスで行われたシンポジウムでは、観客がコールハースの支持者（その多くは熱心な若い学生たち）と誹謗者（彼のラゴスについての理論に希望を見いださない年長の参加者たち）に真っぷたつに分かれた。[8]

同様のことは世界中で、すなわちアジア、ヨーロッパ、南米、アメリカ合衆国で生じている。つまるところ彼が抱いているのはひとつの素朴なメッセージである。すなわち変化は良いことであり、かつてなかったような構造上、経済上、政治上、社会上、技術上、文化上の変遷を今まさに経験しているこの地球においては、建築家のような人間こそがそうした変化の媒介者となり得るというメッセージである。したがって建築が成功するためには、建築自体が、この新たな文化上の変化における生活組織と社会構造の中に自ら入り込むものでなくてはならない。

建築家はもはや空間を解釈するための学者であってはならず、フォルムや社会状況、経済構造、政治的イデオロギーの狭間で、空間をウィルスのように操作する者とならなくてはならない。別の言葉で言えば、コールハースによる建築とアーバニズムの核を成しているのは、いわゆる生活空間の主体性と呼ばれるものの例なのだ。つまり単なる偶発的な空間ではなく、様々な分野や制度に付随する構造、共同体、欲望、取捨選択権の間で実験を試み、それらの共存を試みる水平的な実験室として機能するような空間である。

この水平的な実験室のシステムは、近年多くの革新的な美術展において引用されている。「動き続ける都市——ラボラトリアム（*Cities on the Move : Laboratorium*）」展やごく最近のヴェネチア・ビエンナーレにおける「ユートピア・ステーション（*Utopia Station*）」展は、ハンブルクを拠点とするパーク・フィクション・グループやミラノを拠点とするマルチプリシティ、ジュネーヴを拠点とするＡ12といったコールハースのメッセージに刺激を受けた芸術グループによる小さな活動を多数生み出すこととなった。

彼が偉大な西洋のメトロポリスにもたらしたレッスンとは何であったのか。彼による実践の方法に顕著な水平性の志向は、文化と建築の領域における複数のプロジェクトに対する彼自身およびＯＭＡ（Office for Metropolitan Architecture）と名づけられた彼の建築設計事務所による複雑な関わり方に最も明らかである。モダニティの伝統的な機関に対するウィルス的な攻撃の典型例は、〈ニューヨーク近代美術館拡張計画〉のためにコールハースが提出した案であろう。その案では、コールハースと彼のチームがこの美術館とニューヨークという都市の絨毯をいかにとらえていたかが示されている。

都市は、美術館の入館者とならなければいけない。1階のフロアは、都市の表層のひとつとして再考されるべきである。彫刻庭園を低いレベルに設置することで、その周縁部分から従来地下であった部分に光が差し込むようになる。なぜなら彫刻庭園が沈められることによって現在、庭園を取り囲んでいる塀が消滅するからである。これによって53丁目の通りと54丁目の通りとの間に、視覚的な透明性が直接もたらされることになる。このふたつの通りを対等に扱うことによって、様々な入り口と出口を設け、様々な観客の動線を調和させることが可能になる。新しく設けられた彫刻庭園のレベルは、1階のフロアの周縁全体を取り囲む庭・濠として拡張され、それ全体が都市の島となるのである。[9]

モダニティの多様な状況：民族誌学者としての建築家

しかしながら我々はここでモダニティの建築家というものを――そのような建築家が測り知れない課題を抱えているにもかかわらず――、単に空想的で煌めくような建物を建てる人物としてではなく、モダニティからポストモダニティ、ポストモダニティからスーパーモダニティへと移り変わる状況に応じて実現された建築や計画案に終わった建築、あるいは実現の半ばにある建築のすべてを考察し、批評する監督者として想像する必要があるかもしれない。[10] この点でモダニティは決して単独のものではなく、それぞれの文化的、歴史的文脈に適応させられて変化する状況であるといえる。

コールハースには失礼だが、ここでモダニティの建築家を第二世界、第三世界の複雑に混乱した都市状況に身を置く人物、すなわち西洋の都市のシステムの範疇を越えたところでフィールドワークを行う民族誌学者として観察してみたいと思う。つまりこうした人物を荒廃した都市の表層の下にあるものを少しずつかき取る作業を通じて、今日アーバニズムと称されるものの問題点を露にする、モダニティの終焉の人類学者としてとらえたいと考えるのである。民族誌学と人類学の分野を横断することによって、我々はもしかしたらコールハースの近年の活動「都市プロジェクト」を操るパラダイムの注目すべき変化に気づくかもしれない。同プロジェクトは「珠江デルタ」の入念な調査に始まり、次に「ショッピング」の調査を行い、最近は「ラゴス」の調査を実施した。

こうした調査におけるパラダイムの変化は、コールハースが他者の核心に入り込むために、つまり非西洋のモダニティの空間に入り込むために、彼自身が選んだ戦術的、戦略的用語に最もよく現れている。自分は民族誌学者や人類学者といった用語を用いているが、私はそれらを肯定的な意味で用いている。それらの学問は、人間の居住環境と文化を理解する戦術として用いられる手段なのである。

しかし西洋合理主義の鈍い残光の彼方にある非西洋のモダニティに対し、コールハースが一体何をもたらしたのか、という問いは必要である。コールハース流の建築とアーバニズムの凝集化の拡大の果てに、彼は一体アジアとアフリカに何を投資したのか。現在、彼の一番の関心事となっている非西洋の都市は、彼がこれまで宣伝してきたような真のグローバルな都市の未来像の保育器なのか。それとも多くの人々が躊躇しつつもネオ・コロニアルと呼ぶ、全体化の理論が有する規範に反するものに過ぎないのか。加えて、なぜ無限に繰り返される変容をラゴスのような都市の肯定的かつ論理的な所産として称賛する必要があるのか。コールハースは、第三世界の都市の崩壊の詩と混乱した配置とを自己組織という健全な形式としてとらえ、その上に乗り掛かっているのである。彼は自ら企画した「ミューテーションズ」展のカタログに寄せて次のように記している。

ラゴスは、西アフリカの都市性のイコンであり、近代都市と呼ばれるものがもつべき特徴をすべて転覆させる。それにもかかわらずラゴスは——これより適切な用語がないのだが——都市であり続けている。それは機能する都市なのである。

伝統的な都市システムにおいては欠点と見なされるものを憂えることは、ラゴスやその他の巨大都市が継続し、活気あふれるものとして存在する理由を不明瞭にする。それらの欠点は、きわめて優れた重要な異種のシステムを生み出しているのであり、そのことは収容力や安定性、そして規範さえも定義し直すことを要求しているのである。[11]

文面を読む限り彼の観察は完全に理にかなっている。しかしそれはあくまで我々が、真に機能不全に陥ったシナリオ、つまり旧来の合理的な都市のロジックから完全に切り離された都市を見ていない場合に限る。現場の明白なデータに基づく観察であるならば、コールハースと彼による調査そのものが、一体何を熟視していたのかを問う必要があるだろう。なぜならその調査自体がいくつかのデータに過剰に光を当てているように思えるだけでなく、内部からの爆発によってプレ・アーバニティ（都市化以前）の第3段階に陥ったラゴスの絶望を理想化する洞察とも受け取れるからだ。ラゴスのような場所が放つエロティックな雰囲気と日常的な雰囲気が空想的に混ぜ合わされることで、このような実験的なアーバニズムとしての調査は、故意であろうとなかろうと、他の場所を対象とする人類学の性格を備えることになる。

この点で我々は、マルク・オジェが「民族誌学者の普遍化の能力」と称したものに直面させられるのだ。[12]この普遍化の能力は、民族誌学者となったグローバルな建築家に甚だしい利点を与えるだけでなく、権力のアウラをまとわせ、彼の人類学的アーバニズムに対する地域からの抵抗に打ち勝つ術を吹き込む。なぜならもしグローバルな領域に見いだされる異国性を、本来あるべき姿に戻せないのであれば、それはプロジェクトに転換されるかもしくは包含されるしかないからである。

コールハースの普遍化の能力について批評する者は、ほかの場所を対象とする彼の人類学的な試みを「走行中の車から行うアーバニズム」と命名する。そうした批評は究極的には不当であるとしても、この批評家が抱く懐疑の念は、おそらくラゴスの調査のプロローグとしてコールハースが結論的に記したコメントのシナリオにおいては、妥当性をもつだろう。

我々は、ラゴスが正当に「アフリカ的な」方法で近代化を遂げつつあるアフリカの都市の代表例であるという考えに反発を感じている。我々が考えているのはむしろ、ラゴスがグローバル化するモダニティの最前線にあって、すでに発達を遂げた模範的な都市の例であるということである。すなわちラゴスは我々に追いつくことを考えてはいないのである。むしろ我々がラゴスに追いつこうとしているのではないか。アフリカの都市は、都市自体の概念を再び定義することを強いる。近代的な西洋都市が有する特徴の多くが、誇張された形でラゴスにも現れているという事実は、アフリカの都市について書くことがシカゴやロンドン、ロサンゼルスといった都市の終局的な状況を書くことと同じであることを示唆する。[13]

西洋と非西洋、ヨーロッパの秩序とアフリカの無秩序、モダニティとその他者といった対立項において、ラゴスの肥大化という警告を熟慮することは、西洋の都市に自らの行為を一掃することを促す悪夢のシナリオにほかならない。おそらくこれは、モダニティのためにつくられたケースなのであり、近代に関する注目すべき思想なのだ。したがって私はもう一度、最初に述べた概略に戻ろうと思う。すなわち西洋の建築に顕著な衰退と再生の弁証法に基づく、西洋のモダニティに対するコールハースの瞑想である。

すでに言及したようにコールハースは、活動の初期の頃は、モダンあるいはモダニティの多様な状況を過去と未来を常に融合させる事象の変遷のサイクルとして考察していた。彼の活動の魅力のひとつは、彼が自らのプロジェクトを歴史的観点から考察する能力を有していることである。文化や建築、都市デザインを歴史的にとらえることで、彼はそれらをモダニティの受容の変遷の文脈に位置づけるだけでなく、モダニティに対して行われた干渉の文脈にも位置づける。彼の活動がそれが関わる範疇において示すものは、必ずしも原因と結果を結ぶものではなく、いくつかの点をつなぐものである。つまりそれは、理論的な考えを採用し、優れた予測と思慮の能力と力量とを通じて、内在的で大掛かりな理論を構築することなのである。それによってあらゆるものについての理論を包括的かつ体系的な方法で、全体化し組織する。逆説的にもこのような全体化の傾向こそが、ある意味で非西洋の都市生態学に関する彼の活動の強みとなっている。

しかしながらそれは決して、この方法論に弱点がないことを意味するのではない。例えばラゴスの調査についてのプロジェクトは、もっと地域色を備えることができたはずである——この調査は十分な歴史的観点をもたないために、ラゴスが提示する複雑な状況を活かしきれていない部分がある。それによって遺憾ではあるが、不必要な簡略化の試みやラゴスの一般市民のきわめて抑圧された生活状況の不適切な誇張、さらには異常なものへの称賛、つまりインフォーマルなものや不安定なもの、間に合わせの文化を賛美することなどが行われているのである。加えてラゴスのこうした状況に対する注目が、それらに対する共感の念よりもむしろ混乱と巨大な流動が醸し出すエロティックなものに照準を合わせているとも感じられる。

しかし機能主義者によって、ラゴスと「より良く」組織された近代都市とが完全に区別され得るのだとしても、都市というのは決して考古学の遺跡のように掘り返され、分析されるのを待っているだけの不活性なデータではない。それは、複雑な細胞質と分子から構成された生ける有機体なのである。

アフリカやアジアの都市は、とりわけそれらの都市の無数の空間が、コロニアリズム（植民地主義）とポスト・コロニアリズム、すなわち伝統とモダニティという対立するふたつの言説の対象となったことを知り、そのような認識がうろこ状に都市を覆い始めた時に一層有機的になるのである。人類学的アーバニズムという混合物にはネオ・コロニアリズムも加えられるべきかもしれない。アシール・ムベンベは「ポストコロニーは、無秩序に多元的である。それにもかかわらずそれは内在的な一貫性を有しているのである」と主張している。▼14 人類学者と民族誌学者にとってこのことは彼らの方法論の再考を要求し、その点でアジアにおけるコールハースの活動が、彼の活動に関する別の視点を提示することになる。アジアは街の姿がもたらす「過密の文化」の印象と、それが現地における予想を超えた近代化と都市開発の煽りを受けてますます増大する様が、同時に眺められるペトリ皿にほかならない。こうした開発の文脈、あるいは構築中の都市の文脈にこそ、コールハースは都市がいかにして形成されるのかを真に観察するのである。したがってアジアにおいては、非-建築としてのジャンクスペースの概念が修正されて、ジャンクスペースは建築となり、そこには未来がやって来ているのである。だがここで、ほかの場所、すなわち非西洋のモダニティを対象とした人類学に関する方法論についてもう一度問うことにしよう。オジェによればそれは次のようなものである。

ひとつに方法論的側面として、対話者との効果的な接触の必要性が挙げられる。もうひとつは、選択したグループが代表的な存在であるかどうかという点である。要するに我々が会って話をした人々が、我々が会ったことも話したこともない人間についてしゃべることを、査定し得るか否かという問題である。現地調査を行う民族誌学者の活動は、社会の監視者、尺度の操縦者、低レベルの比較言語のエキスパートとしての活動である。民族誌学者は、必要に応じて身近な世界を性急な調査によって探求するか、あるいは歴史家として関連資料を参照することで、意義のある世界を継ぎ接ぎするのである。▼15

コールハースは信頼すべき筋からの情報を基に、彼の人類学の対象となる場所について語っているとはいえ、ほかの場所を征服するのに必要な、彼自身の言語を変換させる完全で適切なコードを所有していないことは明らかである。これは、民族誌学と人類学の調査の対象となった都市という場所からの挑戦にほかならない。ラゴスとアジアは、コールハースによる完全な征服に対する抵抗のやり方において、この点を立証しているのである。

結論：理論と実習の再結合

建築家／理論家としての革新的な思考に内在する誘引力を信じる者は、コールハースを先見者であると言い、彼を飽くことなき自己宣伝者と見なす者は、天邪鬼の人物であると主張する。しかしコールハースは、建設者の長としての建築家の概念を打ち砕いただけでなく（その理由は、彼が試みる挑発において一層明らかにされつつある）、グローバルな領域における異種の俳優／媒介者としての建築家を再発明したのである。

10年以上前に、彼がちょうど広く認められ、関心をもたれ始めた頃に書かれた典型的なエッセイは、次のような書き出しで始まる――「穏やかな煽動家、寡黙なダイナマイト使用者であるレム・コールハースは、15年間にわたり、20世紀後半の状況についての特異なコメンテーターとして活動してきた。[16]」

コールハースの活動について分析したものは、この種の称賛に満ちあふれていた。すでに述べたように、コールハースの活動は論争の発火点であり続けている。そして現在は、彼の建築が実現され始め、彼のグローバルな野心が拡張されるにつれ、また彼が、グローバルな文化的風景全体を干渉主義者のアーバニズム理論のための肥やしとして扱う機会——ラゴス、珠江デルタ、ショッピング、スキポール空港のプロジェクト、ニューヨーク近代美術館、マンハッタンなど——が急増するにつれ、彼の活動のアイデンティティ自体が変貌しつつある。というのもRem Koolhaas©と、典型的な世界標準の表示がつけられたものは、コングロマリット（凝集体）と化してしまっているからである。

彼の考えはもはや建築を文化的領域に拡張させ、批評や分析を含めるような革新性を支持することに留まらず、建築を超えた様々な関心、すなわち現在はそれほど革新的なものには見えないが、プラダでの試みのようにある瞬間に未熟なものに成る危険を孕むものへの関心をもつのである。

しかし、コールハースの考えが我々の思考に多大な影響を及ぼしていることは否定できない。彼を誹謗する者がいるとはいえ、彼の考えは自己宣伝とはまったく無関係であり、むしろ未踏のヒマラヤに挑むようなあらゆる困難に惹きつけられ、それを統合する優れた能力に近しい。したがって事務所創設25周年を記念して開催される彼とOMAの活動の展覧会「コンテンツ」は、歓迎すべきイベントである。建築のプロジェクトや調査、コンサルタント業、都市分析、展覧会、出版物などから伝わる熱気は、OMAの略称が意味するものを（もし可能であれば）要約してみろ、と言わんばかりである。この展覧会を見れば彼の活動が健全な効果を及ぼすものであることが分かるだろう。

とはいえこの展覧会は決して、空の柔らかい帽子を突き指すコンクリートと金属の尖塔が生い茂った森林網の間を飛び回る、スーパーヒーローとしての現代建築家を称えるものではない。さらにいえば、遠くに輝ける未来の空で他の星よりもひときわ明るい光を放つ超新星、という月並みな主題についての展覧会でもない。加えてたとえ建築がしばしば近代の状況の目まぐるしい変化を益々激化させるものだとしても、この展覧会は、モダニティとユートピアの主要な師に捧げられた頌歌ではない。

近年コールハースは、グローバルな建築家／理論家の事務所の構造についての再考を行っている。OMA／AMOという戦略的な組み合わせは、長期間にわたっていわゆる調査と建築、あるいは思考と実践というコールハースの活動の軸を成してきたふたつの文化を融合させる試みであったといえる。

ＯＭＡが建築工房、すなわちポストモダンの建築的フォルムの実験的構想のハブを代表していたのに対し、ＯＭＡの文字をひっくり返したＡＭＯは、「調査」を多国間のコンサルタント業のためにグローバル文化の商品に変容させる組織であった。調査を市場に植えつけたことは、グローバルな資本主義の窓口において入手可能な過剰な現金を活用することを意図したと思われる。ギ・ドゥボールと同様、コールハースもまた資本主義のスペクタクルが例外的なものではなく、ネオ・リベラルなモダニティの規範であることを把握していたのである。しかしながらギ・ドゥボールによる難解な資本主義についての批評と異なり、コールハースはむしろ資本主義による社会生活への介入を、資本主義的な消費者と彼の運命とを改めて結びつける機会としてとらえている。

このような交わりは、芸術、文化、テクノロジー、空間、社会との関わりにおいて根本的な変革をもたらす典型的な戦略的介入なのである。調査と実践を包含する領域を確立させたいという強固な意思に基づいたこの計画は、『錯乱のニューヨーク』として最初に発表されたマンハッタンについての初めての研究を彼が開始した25年前に始まっていたのだった。[17] しかしながらこの著作の刊行以降、コールハースの活動は、著作の冒頭に記された約束とは異なるかたちの複雑な変容を遂げてきたのである。

本エッセイを精読し、全編にわたって編集についての助言を寄せてくれたムナ・エル・フィトゥリ＝エンヴェゾーに感謝する。

1▼ Arthur Rimbaud, 'City' in: Louise Varèse, *Illuminations*, New York 1957, p.57.（邦訳はランボーの詩集『イリュミナシオン』より「都市」、アルチュール・ランボー著、宇佐美斉訳『ランボー全詩集』ちくま文庫、筑摩書房、1996年、341ページ）

2▼ 2001年9月11日の黙示録的な攻撃以来、文明論者とイスラムの過激論者との間の格闘は、現在世界中を巻き込んでいる戦闘の結果にイデオロギー的な土壌を賭けることになった。攻撃者にとって、ワールド・トレード・センターのツインタワーという熟慮の上での選択や、マンハッタンのダウンタウンに生じた大火災、さらに、攻撃者に公然と反抗する者たちがタワーの再建を進め始めたという事実が、モダニティに対する新たな葛藤の場としての都市を、新たに象徴化する方法であったことは疑いの余地がない。それは、単にツイン・タワーという世界経済の中心に戦略的に位置する建物に対する攻撃を超え、まさに西洋のメトロポリスという概念とそのモダニティとが、このような葛藤に徴用されていったともいえるのである。燃え上がるマンハッタンと、アフガニスタンにおける軍事行動の渦中にあったカブールとの比較ほど、強烈な印象を与えるものはないであろう。

3▼ Rem Koolhaas, *Delirious New York*, New York 1994, p.11.（邦訳はレム・コールハース著、鈴木圭介訳『錯乱のニューヨーク』筑摩書房、1995年、9ページ）

4▼ 同上書、p.11.（邦訳、9ページ）

5▼ Sigmond Freud, 'Beyond the Pleasure Principle' in: Peter Gay (ed.), *The Freud Reader*, New York 1989.（邦訳はジーク

モント・フロイト著、井村恒郎・小此木啓吾他訳『フロイト著作集6　快感原則の彼岸』人文書院、１９７０年)

6▶ 「非-場所」の概念についての洞察力に富む議論に関しては、以下を参照。Michel de Certeau, *The Practice of Everyday Life*, Berkeley 1984（邦訳はミシェル・ド・セルトー著、山田登世子訳『日常的実践のポイエティーク』国文社、１９８７年）; Marc Augé, *Non-Places: Introduction to Anthropology of Supermodernity*, translated by John Howe, London/New York 1995.

7▶ 以下を参照。Rem Koolhaas, 'Junkspace,' *October* No. 100, Spring, 2002, p.175.

8▶ コールハースは、ナイジェリアのラゴスで開催された「ドクメンタ11」において２００２年３月に行われたシンポジウム「包囲下――アフリカの４都市、フリータウン、ヨハネスブルク、キンシャサ、ラゴス（*Under Siege: Four African Cities, Freetown, Johannesburg, Kinshasa, Lagos*）」に主要なパネラーのひとりとして参加した。

9▶ コールハースによる陳述、ニューヨーク近代美術館のホームページ 'Building the New MoMA,' in www.moma.org より引用。

10▶ 「スーパーモダニティ」という用語は、マルク・オジェの代表的な著作、Mark Augé, *Non-Places: Introduction to an Anthropology of Supermodernity*, London/New York 1995.から引用したものである。本論においてこの用語は、優れたモダニティを意味するだけでなく、モダニティとポストモダニティについての多くの言説を活性化してきた弁証法的なプログラムに対するある種の批評的介入を意味する。

11▶ Rem Koolhaas, 'Lagos' in: Rem Koolhaas, Stefano Boeri, et. al., *Mutations*, Bordeaux/Barcelona 2000, p. 652.

12▶ Marc Augé、前掲書　14ページ

13▶ Rem Koolhaas, 前掲書　６５３ページ

14▶ Achille Mbembe, *On the Postcolony*, Berkeley 2001, p. 102.

15▶ Marc Augé, 前掲書　13ページ

16 ▼ Jean-Louis Cohen, 'The Rational Rebel, or the Urban Agenda of OMA' in Jacques Lucan(ed.), *OMA/Rem Koolhaas*, New York 1991, p.9.

17 ▼ １９７８年に初版、１９９４年に改訂版が刊行された『錯乱のニューヨーク』は、近代主義についてのシチュアシオニストのマニフェストと同様、ポストモダニズムの都市についての議論に対する古典的な介入となった。

未来都市
フレドリック・ジェイムソン

Fredric Jameson, 'Future City', New Left Review 21, May-June 2003, pp. 73-77.

レム・コールハースの論文「ジャンクスペース」は、稀にみる優れた著述であり、本質的にポストモダンの産物であるとともに——おそらく、完全に新たな美学なのではないか。もし完全に新たな歴史的視点でないとすればだが……ともかく、まず我々はこの著述自体に目を通す必要がある。そこにうかがえる嫌悪感と幸福感の組み合わせは、様々に教訓的な意味で、ポストモダンに特有のものなのだ……。

ここから、我々は形のないもの（ロザリンド・クラウスがバタイユから着想して生み出した用語 form-less）の世界に入る。しかし、「形がないことは依然として形を指し、形のないものはタイポロジーのひとつなのだ。」それは、コンピュータが生み出した新世代の建築家たち「ブロップ・アーキテクツ：blob architects」（グレッグ・リン、ベン・ヴァン・ベンケル）の「何でもあり」とは少々異なる。「実際、『ジャンクスペース』の秘密は、ごちゃ混ぜであると同時に抑圧的であることだ。形のないものが増殖するにつれて、形式的なものが衰退し、それによってあらゆる規則や規制が進むべき方向を変える。」これは、ヘルベルト・マルクーゼの影と抑圧的な忍耐を示唆しているのか。「ジャンクスペースは様々な概念のバミューダ三角水域であり、放置されたままのペトリ皿である。それは差異を抹消し、決定に言いがかりをつけ、意図と実現の区別を曖昧にする。さらにヒエラルキーを集積に、組立てを足し算に置き換える。『モア・イズ・モア（多いほど、大きいほど、より良い）』の傾向は益々強まっているのだ。ジャンクスペースは、熟し過ぎていると同時に栄養不良でもあり、うんざりするような手厚い保護のもとに地球全体を包む巨大な安全毛布である……ジャンクスペースはいわば、何百万人もの親友とともに永久にジャグジー風呂に入る刑を宣告されたようなものだ……ぼやかしのファジーな帝国、そこでは、高級なものと低級なもの、公的なものと私的なもの、まっすぐなものと曲がったもの、肥満したものとやせこけたものがすべて溶け合い、永遠にばらばらであり続けるものの、継ぎ目のないパッチワークを生み出す。」

そして、摩訶不思議な要素をもつ「トラジェクトリー（連続空間）」が明らかに存在する。「ポストモダニズムがもたらした、建築図面の陰影というウィルスから生まれた衝撃吸収帯は、果てしなく続くディスプレー戦争の前線を次々と粉砕しては増殖させる。それは商売には欠かすことのできない蠕動《ぜんどう》する収縮フィルムだ。傾斜路に始まるトラジェクトリーは、予告もなしに突然、水平になり、さらには交差して折れ曲がったかと思うと突如、巨大な虚空の上にある、めまいを起こしそうなバルコニーの上に現れる。独裁者なきファシズムである。御影石の堂々とした階段を下りると突然行き止まりになっており、そこからエスカレータに乗って、誰もはっきり覚えていないような光景や芸術作品をもとに漆喰でおざなりにつくられた景色を眺めつつ、知らない場所へと連れていかれる。」

さらに我々の周囲で絶えず変容する、この攪拌《かくはん》し続けるような「一時的な現象という偽りの仮面をかぶった」事象は、まれにではあるがこの上なく美しい瞬間をもたらす。「鋼鉄の蝶のように羽を広げる鉄道の駅舎、ひとつ目の巨人キュクロプスが落とす涙の雫のように煌めく空港、往々にしてありふれた川岸の、ハープをグロテスクに拡大したような橋。これらの支流は、それぞれ独自のサンティアゴ・カラトラヴァ風の作品なのだ。」しかしながら、こうした瞬間は悪夢の埋め合わせをするには、あるいはすべてが価値あるものだという幻想を抱かせるには、不十分である。こうしたことの理解には、サイバーパンクを参照することが役に立つであろう。コールハースと同様、サイバーパンクも曖昧な皮肉屋であり、自らが（そしてその世界が）生み出した過度なものを積極的に楽しんでいるように思える。しかしサイバーパンクは真に黙示録的ではない。私が考えるにそれよりも適切な等位語句は、多数の「様々な世界の終焉」から成るバラードから、バイロン風のメランコリーとオーケストラが奏でる壮大なペシミズム、さらに厭世観を抜き取ったものではないかと思う。

というのもここで問題となっているのが、世界の終焉にほかならないからである。世界の終焉は、もし黙示録だけが世界の消滅を想像し得る唯一の方途であったならば、より人々を刺激する問題となり得ただろう（ここで我々が世界を華々しく、あるいは消え入るように終わらせるべきかどうかは興味深い問題ではない）。過去の世界は、かんしゃくを起こさせるものや諷刺に値するものであり、新しい世界は自らを表面に出さない一方で、フィリップ・K・ディックが「キップル：kipple、ガブル：gubble（人間の介入しないところで生まれるゴミ）」と呼んだものや、アーシュラ・K・ル・グインがかつて次のように描写したものに向かうずれを生じさせる。「建物が溶け出し、日の当たる場所に放っておかれたゼリーみたいに、ぐしょぐしょになり震え始めた。角の部分はすでに横側に流れ落ち、クリームのようなべとべとしたしみをつけていた。」かつて世界の終焉よりも資本主義の終焉を想像する方が困難だ、と語った者がいたが、今や我々はそれを修正し世界の終焉を想像することで、資本主義について想像することを見届けることができるのだ。

とはいえ私は、これらすべてのものを「歴史」の見地から性格づけることが適切であるように思う。その「歴史」とは、我々が終焉あるいは今ここにあるものの単調な繰り返しでしかない無の未来しか想像し得ない歴史である。問題は、根本的な差異をいかにして突きとめるか、いかにして歴史的感覚を活性化させ、それによって時間や他者、変化、ユートピアといったものの弱々しいシグナルを再び伝達し始めることができるか、ということである。解決すべき問題は、ポストモダンという息切れした現代から脱出して、真の歴史的時代と人類がつくり出した歴史そのものに回帰することにある。私は「ジャンクスペース」のエッセイがその手段、あるいは試みのひとつであるように思う。そのSF的な性格は、SFのジャンルの奥義から引き出されたものである。そうした性格は、未来が不在の状態においては、悪害を及ぼすひとつの傾向に収斂し、そうした傾向は、拡張を続けることで最終的に黙示録的な世界を爆破するものとなって、我々を無数の破片や微塵の中に閉じ込める。したがって暗黒郷の姿は、後期資本主義という継ぎ目のないメビウスの帯に差し込まれた鋭い刃、すなわち予想可能な結末につながる糸を見いだすことになる斑点のような、あるいは知覚的な強迫観念でしかない。

しかしこれでもまだ不十分である。「歴史」の堅固なとりでを打ち破ることは、歴史的想像力が、まるで略奪者に紐で巻かれたように麻痺させられ、繭に包まれたような状態に置かれることで初めて達成され得るだろう。繭を打ち破って未来に向かうこと、差異を再び取り戻すこと、そしていうまでもなくユートピアを目指すことは、引き返すことなしに書くことでしか達成し得ない。書くことは、建物に突入するための破壊機であり、我々の存在形式のすべて（空間、駐車、買い物、仕事、食事、建物）に通底する同一性を攻撃し続け叩きのめすことで、それらが色や材質感を超えて標準化されたアイデンティティを有することを認めさせる、錯乱した反復なのである。その標準化されたアイデンティティは、もはやプラスチック、ビニール、ゴムといった最近の素材ではない無味乾燥な形のないものなのだ。文章はこうした反復される主張、すなわち空間そのものに対する攻撃がぶんぶんと音をたてることにほかならない。今や文章のエネルギーは、突撃と新鮮な風、安堵がもたらす幸福感、さらに再び時間と歴史へ、具体的な未来へと向かう打破のオルガスムスを予言しているのだ。

Kの物語

マシュー・スタドラー
Matthew Stadler

論理はたとえ確乎不動であろうとも、生きることを求める人間に、論理が対抗できるものではない。

『審判』フランツ・カフカより

Kが我々に語ってくれることの本当の意味は、ここにも書いていなければ、ほかのどこにも書かれていない。彼は決して嘘つきではないし、預言者でもない。彼は流麗に語るから、Kが言葉につまることなど想像できない。もし、彼の建築上の実践が一切何も語らないものであったならば、一体どういうものになっていたのか。Kの本『S, M, L, XL』には、このあり得ないことを演じて見せた例が載っている。〈ハーグ市庁舎〉の計画案の項では、模型の写真が9つの見開きページで紹介されていて――文章は一切書かれていない。そしてこの続きものは、クレッシェンドがかかったようにページをめくるごとに強まっていく「平面図」の連続で終わる。計画案である24階建ての建物の1番下の階から頂上まで一気に駆け上がるその平面図は、結局何も残らなかったという結末なのだ。このようなアレンジは効果満点である。文章を用いずともKはプロット（粗筋）をつくり上げずにはいられないのだ。各々の見開き写真ページの隅には、模型のパーツの位置を変える人間の手の写真が掲載されている――これぞ主役である。6つ目の見開き写真ページでは、主役の演技が進行中であるにもかかわらず、チャドル（イランで女性が身につけるベール）を被った女性が、怪我をした子供を抱いている――これはサブプロットである。この続きものは平面図で最終回となり、その後は何も起こらない――これこそ悲劇である。

建築家としてのKは、理論に憑かれているというよりプロットに憑かれている。往々にして見事な語り口の彼の文章は、哲学的理論というより物語の理論を示すものであり、建築に関して彼が行う様々な選択を物語の中に据えることで、選択されたものに意味を吹き込むのだ。例えばKが記したパリの〈フランス新国立図書館〉の物語は、次のようなものである。「様々な数字やプログラムと格闘することで、我々は公開されていないすべての要素を掘り起こし、本の倉庫を表象するかたちに辿り着いた。ほかのかたちは、公共的要素によって表象されるであろう。我々は、この奇妙な存在物に似たものがセーヌ河畔に建っているのを見た時、自分たちが何かを発見しかけていることに気づいた。そこで我々は、すべてが逆になった模型、つまり堅牢であるべき部分がすべて透明化され、空白であるべき部分がすべて堅牢な固体となった模型をつくった。そして仲間たちや知識人の関係者を招いて、このアプローチを批評してもらった。彼らのコメントは痛烈なものだった。これは明らかに厄介なもので、あり得ないもので馬鹿げていると彼らは言う。しかし我々はその方向で進むしかなかった。ほかの選択肢はなかったのである。」

Kは仲間たちの冷笑をかったが、そのまま進むしかなかった。この強要された必然性とでもいうべきもの——すなわち、意志の否定——は、Kの物語の中で繰り返される議論や理論の代替物である。こうした意志の否定は、あらゆるところに見いだされる。それは非情な物語の陳述に発見されるだけでなく、選択されたデザインと既存の中立的なデータとを関連づける試みや（例えば、上記のように「様々な数字やプログラムと格闘することで」ひとつのデザインに「辿り着く」こと）、デザインプロセスというカオスにおける媒介作用をわざと不明瞭なものにすることにも見られる。Kが繰り返し語っているように「建築とは、権力と無力とが同時に存在する逆説的なドラマなのだ。」つまりこれこそが彼が好み、文章によって表す劇なのである。

「馭《ぎょ》しやすい連中だ。」とKは思ったが、自分がちょうど背中をむけているホールの左半分はしんとしたままで、ぱちぱち寂しい拍手が起こっただけなのが妙に気になった。

敵はお馴染みの人物たちである。Kの物語においては、敵意や一枚岩となった強固な力がすべて「建築という職業」という名のもとに集められる。それらの力と主役（Kの設計事務所OMAでもあり、OMAのクライアントである上流階級の人々でもあり、時には「現実」とも呼ばれるもの）との関係性が英雄回帰の模範的な物語にかたちを与える。モダニストの野心と明瞭さは（それこそイワン・レオニドフやルイス・カーン、ミース・ファン・デル・ローエといった先駆者たちが具現化させたものである）、言語学に根ざした建築の言説（それをKは、「デ・○○なもの」と呼ぶ）の諷刺的な性格によって無効にされた。Kの主要なエッセイのひとつである「ビッグネス、あるいは大きなものに関わる問題（Bigness or the problem of large）」において、現代の教義について次のように批判している。「現代の様々な教義は『全体』と『現実』が各々実現可能なカテゴリーとなる可能性に疑義を呈し、建築の分解と溶解を不可避なものと見なして受け入れるはめになった。」このような寄せ集めの教義の不確実性に反発して、KはOMAによるテクストとデザインを開始したのだ。全体と現実は、Kにとっての目標というよりも、彼が追求を余儀なくされている不可能性である。だがKがこのふたつの用語、特に「現実」という用語を用いることの背景にある知の文脈を解き明かすことは困難である。

「現実」が登場する機会は、ほんのわずかである。最初に登場するのは、「ビッグネス、あるいは大きなものに関わる問題」の文中であり、そこでは「シミュレーション、仮想、不在性との関わりを拡げること（すなわち、最近の前衛的な人々が『ビッグネスに関わる問題』を避けるために用いている戦術）」によって存在を脅かされる、不特定の役柄として登場する。「現実」の消失に否定的なKは、彼自身でもある「1968年の五月革命の世代」を非難する。Kによればその世代が「建築の事実上の消滅を先取りしたのだ……つまり彼らは現実やシミュレートされた仮想を用いて実験を行い、質素という名目のもとに仮想現実の世界において、かつての全能の建築を再生した（そのような仮想現実の世界では、ファシズムは罪に問われないということだろうか）。」Kが示唆するのは、これらの少数派のファウスト（全知全能を望み、悪魔に魂を売ったドイツの伝説的人物）は不利な取引をしたのであり、単なる仮想でしかない無の世界を支配することと引き換えに、我々が永遠に現実から追放されることを勝ち得たのだということだ。Kは建築家はこの取引を拒否すべきであり、その代わりに物質の世界とヴァーチャルな世界の両方において「ビッグなもの」を理論化し、それを建設することで「ビッグネスに関わる問題」と対峙すべきであると提案する。Kは「ビッグネス」について緻密に描写する一方で、現実については影のように描写するのみである。この主要な役柄は——その消失の可能性は、今度はKの物語において緊急事態を告げる——空白にほかならないのだ。つまり現実が消失した後に残る否定の空間に過ぎないのである。

その後の「現実」の登場は散発的である。「アトランタ（Atlanta）」においては、アトリウムが「現実から遮断され密閉された内部空間」として描写される（この場合の「現実」は、まぎれもない公共空間を意味するのか、それとも閉じられていない空間を意味するのか？）。「アーバニズムに一体何が起こったのか？（What Ever Happened to Urbanism?）」の中ではKは「ボードリヤールによれば、我々は現実にはなり得ない」と嘆く（この場合の「現実」は、哲学に脅かされた状況を意味するのか？）。そして、「ジェネリック・シティ」においては、Kは「アイデンティティが物理的なものや歴史的なもの、文脈、現実から引き出されるものである限り、我々はどうやら現代の事物が——それらは我々自身によってつくり出される——アイデンティティの一因となるとは考えないようだ」と論じる（この場合の「現実」は、アイデンティティと真正さにとっての動力源を意味するのか？）。つまり現実は決して登場せず、常に脅かされている。Kは「現実」をエデンの園に似たものとして位置づける。それは、我々がおそらく「ビッグネス」を介して回帰する不特定の失われた楽園なのだ。

現実は、プラトン、バークリー、ヘーゲル、ハイデッガー、ラカンなど無数の人々の中に見いだされる。しかしいずれの場合においても、現実は、言説の哲学的厳密性によって正確に、ほかの解釈を許さないものとして定義され、Kのいう現実との食い違いを見せる。ラカンやヘーゲルにとって、現実は道具として機能するものであり、ほかの思想家も機会あるごとに現実を道具として採り上げ活用している。この点で現実は固定された明快なものでなくてはならないが、Kはこうした現実には興味がない。彼は「理論」と呼ばれるこの種の道具を嫌っているのだ。むしろKは、現実を詩的な概念、つまり無数の文脈や使用に耐える伝染力と柔軟性をもつ魅惑的な一種のウィルス性の「ミーム（遺伝子のように再生産され受け継がれていく社会習慣や文化）」として展開させる。（Kの先行者の中でも、最もこれに近い概念を示しているのが、ジョン・デューイとウィリアム・ジェームズである。彼らのプラグマティズムの視点における現実は、Kのいう現実と同様の不確定性に満ちている。しかしながらプラグマティストの論述の哲学的可能性を弱めているのもこの不確定性にほかならない。同様の意味でKのいう「現実」も哲学的ではない。）


「――ここはほんとに厭なところですわ。」彼女は間を置いてそう言い、Kの手を握った。

「改革に自信がおありですの?」

Kは言った、「僕は、あなたのいう改革などできる柄じゃないんです。」

哲学理論や建築理論の束縛から解き放たれたKの「現実」は、おそらく彼がほとんど知らないであろう歴史、すなわち今は亡きサンフランシスコの詩人ジャック・スパイサーの活動にほぼ同様の意味を見いだすことができる。スパイサーのプロジェクトは（それはやはり「現実」の概念をめぐるものであった）、Kが追求するようなある種の手段と首尾一貫性を強く志向するものであり、彼の人生の物語と深く結びついていた。

スパイサーは「現実は、我々が詩を通じて制定する構成力である」と記している。この制定は、スパイサーが時にはラジオにたとえ、時にはW・B・イェイツのいう「教師《インストラクター》」や火星人にたとえた外部の声による命令に対して、詩人の意志と趣味が屈服させられることを意味した。ここでいう外部とは「現実」であり、正確な意味での「外部」ではない。スパイサーは、我々が現実と接触するために身体の中に向かって「昇っていく」という逆説めいた主張を行う。「人は語ろうとしない／現実に向かって人は何を昇っていくのか、／嘘／ほかの人間の口の中にある男根／無によって定められる現実を携えながら。」ここで明らかなのは、正確には身体でないとはいえ、身体におけるうつろな空間――すなわち口という無の空間――が、現実を測り、それを包含するものであるということだ。したがってスパイサーはこの概念を肉体にあてはめたが、そこから肉感的な性質を取り去ることは決して行わなかったのである。彼の詩は、観念作用を身体に還元する力の領域をつくり出すものであり、その還元化の過程においてどちらか一方が抹消されることはない。このことはまた、Kが達成したことでもある。

Kは我々の時代における、最も深遠な意味で肉感的な建築家である。たとえ彼が、我々の時代が生んだもっとも知的な建築家に映るとしてもこのことに変わりはない。彼が書き、建てることによって、理論が死に絶え、我々の精神が自らの身体に戻っていくのだ。Kはシステムを信用しない。彼の文章は——ちょうど廊下の傾斜した床が人間を障害物や虚空に引き寄せてしまうように——理性によって欲せられるような（さらに明晰な理論が果たし得るような）統御力をもとうとしない。したがってここでも、身体は（すなわち未解決な世界という究極の力は）力に向かって昇っていく。Kにとっての現実とは、スパイサーにとってのそれと同様、このような状況を指すのだ——つまりそれは、知性を否定することではなく、イデオロギー的な規範よりも身体的なものに根ざす集合体を活性化する、古い時代の複雑な統合を再び確立することである。当然のことながらそれは、身体がもはや死に絶えてしまった生ける人々を恐れさせ、立腹させる。そうした経験は、傾斜したランプ（例えば、ロッテルダムにKが建てた〈クンストハル〉の中にあるようなランプ）の敷居、つまり不確定な終着点に向かって下方向に引き寄せられる力を理性が制御できない場所で、最も鮮明なものになる。しかもこれとまったく同じ状況が、Kの文章の敷居の上でも起こっているのだ。たとえば次のようなものである。「アーバニストたちが古代都市の価値を、それらが決定的に不能となった段階で遅ればせながら再発見したことは、もはや引き返すこともままならない状態、断絶され不適格となった致命的な瞬間を意味したであろう。今や彼らは、まぼろしの苦痛についての専門家である。つまり、すでに切断された手足の複雑な病状について話し合っている医者たちにほかならないのだ。」

この発言のもつ重力の中で、我々は動かされ、一切の安定した足場を剥ぎ取られ理性を失う。したがって我々は、肉体に戻ることで意味や確信や確実性を見いだそうとする。（このめまいは、我々がKを観察する際に、彼の文章と建物とを区別する理由がほとんど見当たらないことに気づかせる。彼の活動においては、このふたつの構築領域が共謀して作動しており、そこにはいかなる区別も存在しない。）

この劇の目撃者は、Kによる攻撃を新たな理論に向けた出発点であると誤解するだろうが、実際のところKはそのような出発点に相応しい手法を有していない。彼が価値を見いだすのは理論ではなく、身体が理論という確実性の外側で活動する世界である。すなわち「都市をもはや皮膜として理解するのではなく『単なる』共存として、つまり建築的文脈によって『とらえられる』ことのない連続する関係性として、理解すること」なのである。建築的概念――それが建てられたものであれ、書かれたものであれ――が強要する一貫性から自由になることで、個々のものはばらばらに分離されるよりもむしろ、各々自身に戻っていく。Kがしばしば「粗暴な（brutal）」あるいは「獣じみた（bestial）」ものとして称賛するこの状態は、我々に根本的な集合体としての力と新たな媒介作用を吹き込むのである。

Kはいかにしてこれをやり遂げようとしているのか。彼がその作戦の方法として記しているものには次のようなものがある。「現代社会における様々な思索のシステムを、それらの真偽の如何にかかわらず、現実性を獲得する手段として具体化させること」、「官僚的で道具主義化された世界がもつ脆弱さに注意すること」、「無価値なものを、崇高であるとさえ思わせるものに変容させる概念を見いだすこと」、「かつては考慮に値しないとされたものを活用すること」、「不可避のものが崇高さを有しているかどうかについて調査すること」、「不確定なものと建築に特有のものとを結合させること」、「歓喜と恐怖を同時に味わうこと」。

総じてこれらの作戦は、スパイサーが「現実に対する狂った献身」と称したものを包含する。以下は死の前年にあたる1964年に書かれたスパイサーのノートからの断章である。「……現実に対する狂った献身／遺書。15セントと／不動産があれば私はニューヨークで地下鉄に乗れるだろう。どの／詩人も腹をすかせてはいない。奴らはそれによって死んだのだ。」このような、詩と活力と死が奇妙に交差する様は、Kの研究者にとってはお馴染みの世界である。病的性質はKの物語に浸透しているだけでなく、創造に向かう意志の中にも永久に刻まれている。スパイサーがこうした交差が行われる場所として、ニューヨークを選んだことは「現実」に関わろうとするこのふたりの詩人が分岐する軸を示している。スパイサーはニューヨークを嫌い、その暑さと過密がある種、非人間的なものの放射物であると感じていた——ニューヨークにおけるあらゆる現実（real）は、不動産（real estate）と化すのである。Kが不動産のグリッドの中に見いだしたのは、現実を抹消するものではなく、新たな可能性を開く世界であった。彼は、スパイサーがこの人を酔わせるようなグリッドの手中に、詩人の死を予見したことは知らないのだ。

Kの肉体は革命を起こし、ひとつの新しい審判のための準備をしているのだろうか。なぜなら、彼は古い肉体をたいした苦労もなく耐えてきたのだから。

スパイサーは現実を活気づける文章を書いた。「言葉は現実に付着するものである。我々はそれを用いて現実を突き動かし、現実を詩の中に引きずり込む。」Kの解釈はこれとは異なる。「私は著述家としての役割を放棄したくはない。それは単に著述家がほかの世界、ほかの生活概念、ほかの視点を代表するものだからだ。」Kは建物や都市を通じて同様の目的を追求している（それこそスパイサーが「詩の運動」と称したものである）。スパイサーにとって都市は「単なる信用のシステムではなく、彼らの信用と彼らの心の共存」であった。このような都市、つまりシステムではなく隣接地域によって成り立つ都市は、Kが都市を「もはや皮膜として理解するのではなく『単なる』共存として、つまり連続する関係性として理解すること」を望んだ時に思い描いたものと同じである。このどちらの企図においても肉体の優勢が——言葉と建物における その優勢が——理論やシステムといった肉体を欠いた確実性を排除することで現実を活気づけているのである。

都市とテクストについてのスパイサーの省察は次のように締めくくられる。「彼らは、自分たちの差異に憤りを感じていた——死者と生ける者、幽霊と天使、緑色のオウムと私がたった今発明した犬。どれもまったく違う言葉を話し、都市の住人になりたがっている。」

「しかしそういう意味での都市は、ダンテにとってフィレンツェが遠かったのと同じぐらい、私にとって（そして私を通じてしゃべりだす物たちにとって）遠いものである。主よ。なぜなら、それは私が覚えている都市ではないからだ。」

「しかし我々がお互いにバーで話したり、騒いだり、激怒したりしながらつくる都市は、完全にごちゃ混ぜの鏡に映し出されたような都市のイメージである。追放からの帰還である。」

スパイサーを知る者は、バーに居る時の彼が一番楽しそうに徹底的にしゃべっていたことを熟知している。バーの椅子の上で騒ぎ、激怒しながらスパイサーがしゃべった話は、彼の肉体へと還っていった——その肉体は、アルコールと仲間たちによって麻痺し、興奮状態にあったために、彼は自らの肉体の内部に話が居座ることに耐えたのである。この完全にごちゃ混ぜの鏡に映し出されたような状況、すなわち「都市のイメージ」こそ現実にほかならないのだ。

彼を取り囲む数々の何という相貌であろう！　黒い小さな瞳の孔が音もなくあちこち駆けずり回り、長い髭は細くぱりぱりしている。そこへ手を突っ込むと、髭ではなく、爪で引掻かれた感じであった。

Kの「現実」は、逐語的なだけでなく雄弁である。肉体と結びついて、Kのスピーチの中で発せられる時「現実」は聴衆の鼓動を高める。〈シアトル公立図書館〉についての公開討論会において、Kのデザインは子供にとって安全なのか、という質問を受けた。Kは時折見せるようなこわばった表情になり、直立してこう答えた。「子供は、大人から過小評価されています。子供は、率直でまっすぐで、現実と関わろうとします。それは大人が考える以上の知恵を子供に授けるのです。」Kは、大人たちの偉そうな態度から守ること以外は、図書館の中で子供を守ることの必要性を感じなかったのである。７００人の聴衆と、とりわけこの建築家を選定した14人のパネリストたちは、このすがすがしい意見に感動して声を上げ、特にそれが主に言わんとしていることの中核をなすモナド（単子）のような「現実」という言葉に注目した。Kの物語は、こうした口頭によるパフォーマンスによってつくられるのであり、そうしたパフォーマンスは知識のない人々に向けたものであるのか、とにかく繰り返し行われている。彼はここ20年の活動において数え切れないほどの講演を行った。加えて無数のシンポジウムやクライアントとの会議がこの建築家の責務のかなりの部分を占めており、プロフェッショナルな建築というものが、ある種の口頭伝達を通じて大方つくられ、普及していくことに気づかされる。これは少なくとも、ウォルター・オングがその著作『声の文化と文字の文化（*Orality and Literacy*）』の中で「口述伝統の多大な影響を残している文化」と呼ぶものであろう。

口述が形づくる言説とはいかなるものなのか。オングは口述の伝統が分析的というよりも累積的であり、従属的というよりも累加的であり、抽象的というよりも状況依存的であると語る。つまり彼によればそれは冗長なものであり、闘技的で恒常維持的な参加型の事象であり、保守的な性格をもつ。Kの場合もこれと同様、他者の圧力や他者とのまったくの矛盾を数多く示す形跡がみられる。たとえば「ジェネリック・シティ」や「過密の文化」、「ジャンクスペース」といった新奇な用語は、マクルーハン風の「探査《プローブ》」の新たな系列に含められる語となっている。本質的に詩的であるそれらの語は「単に」出現したものであり、階層的に分類されることなく（たとえば原因と結果、一般的な状況とその従属的な顕現といったように区別されることなく）、互いに積み重なりあっている。したがってジェネリックな過密とジャンクな空間という無秩序の世界には、それらの連関性を理解せずとも入っていくことができるのである。

　こうしたことの一方で、Kには元々、状況維持的なものに抗う傾向があり、世界における多種多様な状況を「ジェネリック・シティ」や「ジャンクスペース」といったものに抽象化することで曖昧化してきたように思える。とはいうもののこうした抽象化は独特である。それらはいずれも特定のものからなる集合体の本質を抽出したものではなく、それらのものが集まり大きな山となったものが表す側面といえよう。Kによる「ジャンクスペース」の描写の断片は次のようなものである。「天井はアルプスのようにしわくちゃな板である。ぐらぐらするタイルが敷かれたグリッドとモノグラム入りの黒いプラスチックの板が交互に配されており、驚くことに、クリスタルのシャンデリアのグリッドがそこに突き刺さっている……金属のダクトは、通気性の良い布に置き換えられている。ぽっかりと口を開けたジョイントは、以前ここに巨大な天井の隙間があったことを思わせ（アスベストの大きな裂け目があったのだろうか？）、梁、ダクト構造、ロープ、ケーブル、断熱材、防火装工、ひもは……。」この記述は抽象的というより超・具体的であり、状況維持的なものに取って代わるものというより、状況の総体である。

　Kの言説は、明らかに余分なものであり、闘技的な口調を伴ったものである（オングは、この言葉によって、口承による物語が物理的な葛藤と圧力に根ざしていることを意味している）。さらにその言説は、きわめて恒常維持的なものであり、言葉や様式、理論そのものに依存して作用するものである。しかしながらそれは、オングのいう「参加型」ではない（すなわち、聞き手が「密な感情移入によって、語られることの一体化を成し遂げる状態」に置かれることはめったにない）。また矛盾するようだが、Kの言説はきわめて保守的である。彼の自制心――自らの意志を嫌悪していること――は、様々な状況を最終的にはあるがままに保持しようとする劇に彼を陥れる。自らの介入を「数字やプログラムを進めること」に留めることでKが「辿り着く」形態は、常に彼が手をつける前の状況を再び演じたもの――たとえそれが過去の状況を洗練し、増幅させたものとはいえ――なのである。もし彼が改革者であるならば彼はそのような増強が、流行を促すものと同様、変革のための必然的な手段であると信じているに違いない。しかし、彼が語る状況の範囲やその扱いにくさを考えると（まさにそれは、構築された文明というプロジェクトである）、彼の拠って立つ位置は黙示録的であるといえよう。それは明らかに、未来像に向けた道筋において多くのものを破損し破壊するような苛酷さを招き入れるものなのだ。さらにいえばKは哲学的概念を構築することに無関心であるため、理論を適用するように彼の言説を適用することは不可能である。その代わりに彼の言説は、ほかの行為の変容を促す触媒となるようなスペクタクルをつくり上げるのだ。

……ふたりに挟まれてKは身体を硬直させたまま、歩いた。三人で完全に一体となり、ひとりが叩きのめされると、全体でそれを感じるような一体である。無生物にしか見られぬような均一性のある一体であった。

「ビッグネス」についての彼のエッセイにおける希望にあふれた締めくくりの言葉は、Kの物語を支配する悲劇とその最大の皮肉を予言している。「ビッグネスは非個人的なものである。したがってもはや建築家がスターダムにのし上がっていると非難されることはない。」この傷だらけの予言が、Kの文章においてことごとく裏切り続けた最も誠実な願いであることは疑いようがない。しかしながらその実現は美しい理想のまま、Kの手の届く範囲の外側に置かれたきりである。Kは、彼自身の物語のキャラクターにされてしまったのだ。彼は「ヒーロー」なのである。そして皮肉にも彼の言説の性質が、彼をそういう立場に追い込んだのである。彼はシステムを公然と退けたために、彼自身やその興味深い略歴に多くを拠った意味を売買することになった。これらの意味は哲学から切り離され、生活の脊椎に絡みついている。「我々は砂の上に城を建てていた。今や我々は、その城を流し去ってしまう海に泳いでいる」とKが書く時、その詩は、個人的な代償や長い間の消滅を意味し、そしてKという人物を我々に想い起こさせるのだ。

スパイサーは、創作者が常にこの種の言説の犠牲になるであろうことを知っていた。彼は、生活がこれを乗り越えられないだろうと感じる一方で、そのような企図においては、生活は物質として使い果たされるべきだとも考えていた。「詩／愚か者の詩が聞こえてくるのはサンフランシスコの／テレビ。それと直接つながっているのは／月のロケットたち。／もしこれが指図だったら、それは／僕の気を狂わせる。」スパイサー自身の消滅は、速やかで恐ろしく、完璧だった（彼が友人のロビン・ブレイザーに告げた死の言葉は次のとおりであった。「僕の語彙が僕をこうしたのだ。君に愛があれば君は生きていける」）。Kは自身の言説が魔力をもつにつれて――聴衆と詩の間に挟まれながら――我々の視界に入ってくる。Kの身体は自らが発する意味と融合させられたために、激怒する群集と彼らが欲する物語をつなぐ導管あるいは、それらの間にある障害物として曝け出され、その身体の中にKは閉じ込められている。自らが書いた脚本のためにスターダムにのし上がったことを非難されるKは、そこから脱出する方法を見つけられないでいるのだ。

Kは「ビッグネス」が自らの運命の転機となることを願っていた。彼がそれについて書いた時「ビッグネス」は我々を新たな関係性の枠組みに招き入れたのだ。そのほぼ生物学的な相互依存のシステムにおいては、いかなる要素も「スター」とならないばかりか、自律的にもならず、ある意味で意志を実行することさえ不可能である。彼が描写し招き寄せたのは、恒久的なシステムをもたず、権威あるいは制御の可能性をもたない世界であった。しかし彼は、自らが嫌悪する権威のメダル――つまりヒーローである――を身につけた上でそれを構想したのである。彼が今までのように話したり書いたりする限り——詩的な物語を用いて彼の発言に意味と力を与える限り——Kは今後も自ら意志に反して、自らがつくり出したものや、神の使いとしての自ら身体の中に捕えられたままになるだろう。

メスが頭上を手から手へ越えるとき、奪い取って自らの胸を刺し貫く、これはむしろ自分の義務ではないか。Kはこのことが分かりすぎるぐらい分かっていた。

『S, M, L, XL』の本の半ばあたりで、Kは夢を回想している。

私は当時の共同作業者だったヤン・フォールベルグと連れ立って歩いていた。

彼はハーグから来た建築家で私と同い年だったが、小柄でブロンドだった。

僕らは、川端に沿った沈みかけている板張りの遊歩道のようなところを一緒に歩いていた。

それは自分たちが置かれた状況を象徴していた——その週は事あるごとに、我々の立場がいわゆるぬかるみにゆっくりと沈んでいったので、僕らは常に士気を高め、お互いを刺激し合っていたところだった。

そう、半分はもう沈んでいるのだ。

私は言った。「ねえ、沈みかけている遊歩道を歩いているというのも、ある意味で面白いよね——そう思わない？」

ふたりとも半ズボンをはいていて、腰まで濡れていた。

「そうだね」と彼は言った。

「確かに面白いよ……でも、乾いた道を歩くのとは全然違うな。」

川が途切れるところまで来ると、巨大な深い淵があった。

ためらいながらも、ふたりとも川端の向こう側を覗いた。

「ああ、思ったほど深くないね。」と私は言った。

「うん。」彼は言った。

「そうでもないな。岩壁も思ったほど急じゃない。注意しながら歩けば、下に降りられるよ。斜めに歩くことになるかもしれないけど、できるんじゃないか。」

そこで、互いに気持ちを奮い立たせて、下降を始めた。最初から分かっていたことだが、当然、僕らは転落した。

崖を転がり落ちながら、私は、ふたりとも小さな草地に衝突するであろうことに気づいた。

そのわずかばかりの芝生の上では、大人数の集団がピクニックをしていた。それがピクニックであることは一目瞭然だった——1枚の大きな白いシートの上に全員が座っていたのだ。

そう、まだ転落している最中だった。

私は考えた。「どうやって着地しようか。どうすればうまく人をよけられるかな。どうすれば、ピクニックをむちゃくちゃにせずに衝突できるんだろう？」

私は頭の中で軌道を計算した。私はそれが意外にうまくいくと思っていた。

私は地面に突き当たり2、3度飛び跳ねた。全員をよけるのに成功した。しかしその後、最後の瞬間に、踵に嫌な柔らかな感触を覚えた。

「何てことだ、ヤン、踵をぶつけたよ！」私は触りたくもなかったが、踵に触れてみたら、どろどろとした血が指についた。

そして振り返って、地面にある小さな裂け目を見た。そこには、頭に私の突撃を受けた赤ちゃんがいた。

この完璧な夢が、Kの実践と文章のひな型になっていると述べるのは行き過ぎだろうか。しかし、多かれ少なかれ、これはKの物語なのである。

本エッセイの執筆にあたっては、リチャード・ジャンセンと交わした会話と、彼がジャック・スパイサーを採り上げるよう助言してくれたことが大いに参考になった。ここに感謝の意を表したい。

■訳註——文中、フランツ・カフカの著作『審判』からの引用文の訳にあたっては、本野亨一氏による同書の邦訳（角川文庫、角川書店、初版1953年、四十版1999年）を参照したが、文脈上、一部改変を行った箇所もある。

閾の世界、近代の経験と都市の公共性

ルネ・ボームケンス

René Boomkens, Een Drempelwereld, Moderne Ervaring en Stedelijke Openbaarheid, Rotterdam, 1998, pp.367-368.

コールハースは、無意識を表象する建築を重視し、近代後半の都市の特徴である「パニックの実践」を強調することで、ヴァルター・ベンヤミンが近代都市の経験を描写する際に用いた表現と近しいものに行き着いた。コールハースが描き出すイメージは、とりわけ大都市に対するベンヤミンの視点を規定したボードレール的世界観に触発されたものである。ショック、偶然性、瞬間、はかなさ、無意識。「ジェネリック・シティ」は基本的に、遊歩者の都市と何ら変わりはない――違う点があるとすれば、近代化と都市化がより早いペースで進行していることぐらいだろう。

加えて、この都市の「パニック」に、それと同等のやり方で対処するという……コールハースの考えを裏づける証拠は無数にある。すなわち、新たなショックでもって元のショックを回避するやり方である。コールハースの「ジェネリック・シティ」のシナリオや彼が都市計画として選択した「ビッグネス」、歴史的なものに対する徹底的な嫌悪、さらには伝統的な建築様式を拒絶し、スピードや表層性、ポストモダニズムの折衷主義を賞賛する彼の態度。これらのすべてが合わさって、ボードレールによる後期ロマン主義のモダニズムと、前衛主義者のタブラ・ラサとの奇妙な融合が生み出されている。

コールハースがボードレールから借用したのは、狂騒的な都市文化に対する感情移入の精神である。ボードレールが悲劇的なまでに自覚していた憂鬱や喪失の感覚については、まったく触れてはいない。

さらにコールハースは前衛主義者の破壊を賛美する心や、彼らが新境地を切り開き、新たな場を構築したことは好んで採り上げている。だが、前衛主義者が考えた、あるいは、理想とした都市計画については一切を拒絶し、彼らが主張した空間上の均衡性や機能の徹底的な分離、建築や都市計画の社会的、倫理的意義についても参照することはない。

これらのことに加えて、コールハースは一度しか使えないタブラ・ラサを廃し、代わりに、既存の様々な状況が自動的に互いに作用し続けるやり方を採用したようにも思える。彼はそうすることで、ともすれば空洞化、あるいは、巨大化が進む状況の中に、孤立した活発な飛び地をとりあえず仕立てることを志向したのだ……。

コールハースはおそらく意識的に、都市におけるあらゆる種類の経験の限界へと我々を導いたのである。さらに彼は、正統のポストモダニスト——もっと正確に言えば、脱構築主義者——として、新世紀における標準的な都市である「ジェネリック・シティ」を彼自身がどう評価しているかについては、我々に悟られないようにしているのだ。

ブリュッセル、ヨーロッパ新首都
（ベルギー、ブリュッセル、2000年）
Brussels Capital of Europe

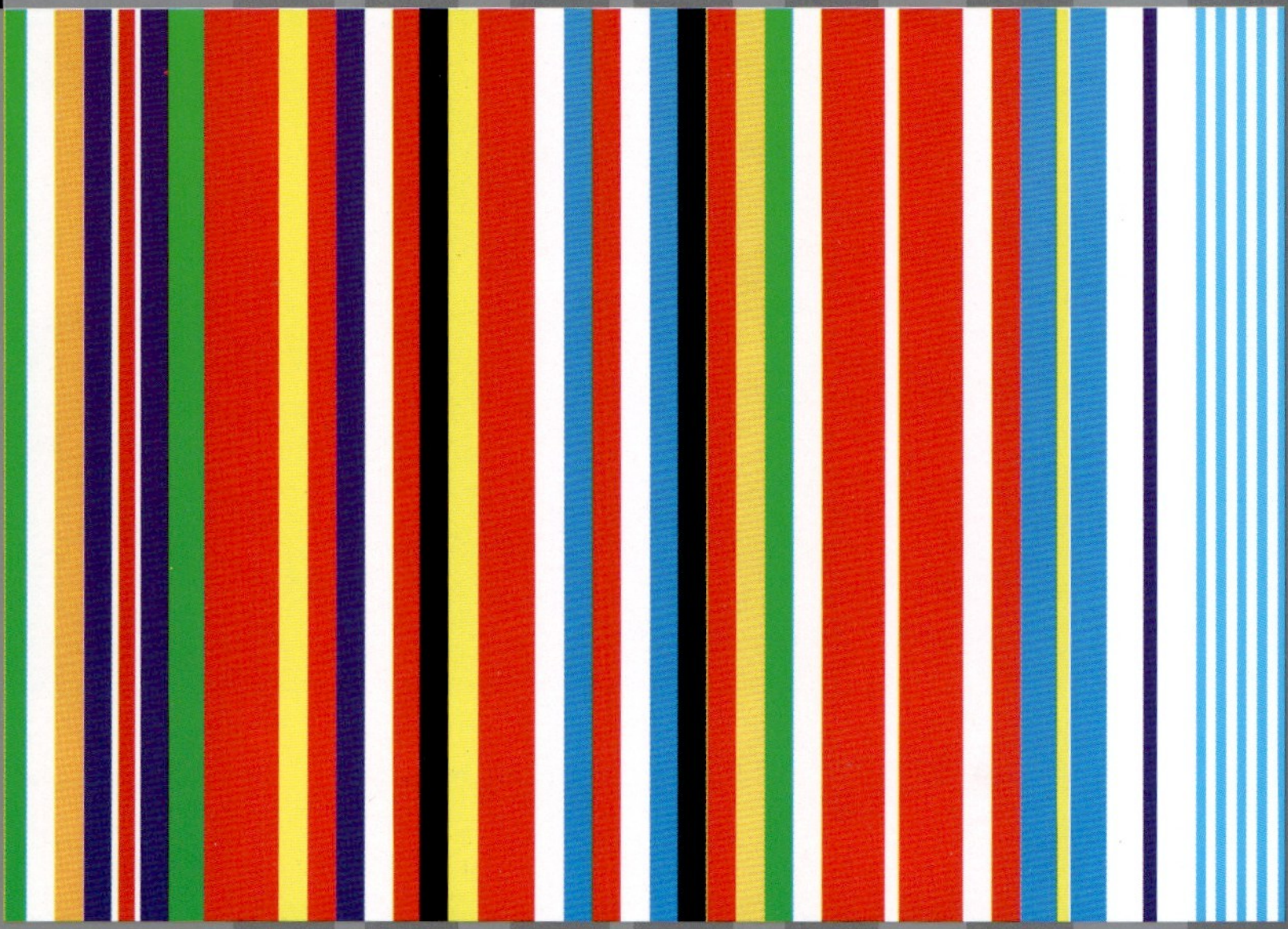

IIT｜イリノイ工科大学キャンパスセンター
（アメリカ、シカゴ、1997-2003年）
ITT Illinois

シーターミナル
（ベルギー、ゼーブリュッヘ、1989年）
Sea Terminal

Blueurope

Mosaic Europe

ブリュッセル、ヨーロッパ新首都
（ベルギー、ブリュッセル、2000年）
Brussels Capital of Europe

Religious Diversity

Political Diversity

€urope

Cool Europe

プラダ・エピセンター・ビバリーヒルズ
（アメリカ、ロサンゼルス、1999-2004年）
Prada Epicenter Beverly Hills

プラダ・エピセンター・ブロードウェイ
（アメリカ、ニューヨーク、1999-2001年）
Prada Epicenter Broadway

オランダの家
（オランダ、1992-93年）
Dutch House

シアトル公立図書館
（アメリカ、シアトル、1999-2004年）
Seattle Public Library

シアトル公立図書館
（アメリカ、シアトル、1999-2004年）
Seattle Public Library

Bart Verschaffel

Fritz Neumeyer

Bruce Sterling

Sarah Whiting

第III部

AREA

［領域］ 1972年−2003年の経済的・社会的・政治的変遷を背景としたOMAの活動領域を考察するセクション。
その活動領域は、シアトルから北京、ロッテルダムからポルトにまで及び、さらには理論的調査、建築プロジェクトの実現、メディアプロジェクトなど様々な建築のかたちを包含する。

レム・コールハースの生き残りの倫理：OMAの最初の住宅

Bart Verschaffel
バルト・フェルスハフェル

群集が互いに押し合って、人々が沢山に倒れると、そこに生ずる出来事がある。つまり、誰かが倒れれば必ずほかの人を自分の巻き添えにし、前にいる者は後に続く者に災いを及ぼすことである。それと同じことが人生の至るところに起こり得るのは、あなたも承知のことと思う。過ちを犯せば、単に自分だけに留まらず、他人の過ちの原因にもなり動力にもなる。というのは、先を行く者に従うのは害となるからである。また誰も彼もが、判断することよりも、むしろ信用することを好む限り、人生については何も判断されることはなく、常に信用されるだけであって、そのため人から人へと伝えられる誤りが我々を弄んで、遂には我々を転落の淵に投ずるのである。我々は他人の轍を踏むことによって滅びる。人の集まりから離れるだけでよい、それだけで健康になるであろう。

「幸福な人生について」セネカより▼1

『S, M, L, XL』の前付には、OMAの所員の名と同事務所が手掛けたプロジェクト名が長々と列記されたダイヤグラムのページがある。精巧に印刷されたデザイナーや所員の名前は、各人が関わったプロジェクトと細い線で結ばれている。このリストの先頭にはレム・コールハースの名があり、そこからはすべてのプロジェクトに向かって細い線が引かれている。しかし、線が細過ぎてほとんど認識できないが、プロジェクトのリストの最後にある〈プロジェクトX〉につながるデザイナーの名前は、コールハースただひとりである。ユベール・ダミッシュは正しかった。彼は、コールハースが「理論とプロジェクトのまれな結合」を確立したと記しているのである。

コールハースは、テクストと陳述によって自らの理論をつくり上げる。だが、そもそも〈プロジェクトX〉とは一体何であるのか。私が思うに「X」とは「何もかも」を意味し、言い換えればコールハース自身が「ひとりで」手掛けるものを指している。OMAは、開放的なデザイン戦略を用いる共同体企業のように見える。コールハースは、柔軟性に富む異種の人間たちが集うデザインチームと共同で活動し、様々な依頼や仕事を世界各地で展開している。彼は、常に与えられた状況から出発することを始め、変換された引用やイメージを通じて論理的な対話を提示するのだ。彼の仕事は常に「外側」に関するものであり、それは「他者」で埋め尽くされている。あたかもコールハースがひとりで活動することなど決してないかのようだ。しかしこの視覚的なイリュージョンは、消失のトリックの効果によるものである。そのトリックの企図について、コールハースは１９８６年にロッテルダム＝マースカント賞を受賞した際に行ったスピーチで次のように説明した。「非常に喜ばしい気持ちでいっぱいですが、私は唯一ひとりの私、ではありません。これまでの活動を通じて私が、『私』を表す単語”I“を用いたことは1度しかありません。しかも、その単語を用いたのは『私はゴーストライターです』。という文章の中です。ゴーストライターというのは、表舞台には登場せず、舞台裏にいて誰かの代わりに語る人のことです。」この発言は予期せぬことであるばかりか、今や最も有名なマスメディアからひっぱりだこのスター建築家のひとりとなった人物の発言としては、多分にいぶかしさも感じられるだろう。しかしながら１９８６年に行われたこのスピーチにおいて、彼はそのような「スターダム」は「ひとつの戦略」であると予言したのだ。「建築家という神話は、再建されなければならないのです。」１９８６年のコールハースによれば、建築が唯一生き残れる道は、建築家が再び先見者として振舞うこと、すなわち想像力をもって公然と、無思慮に自己満足的に振舞うことである。そしてこの想像力の栄養源となるのは、ゴーストライターであるコールハースが建築に対して静かにささやく、忘れ去られたポテンシャリティ——マッスや巨大なスケール、悪趣味、形のないもの——なのだ。だがコールハースは本スピーチの最後においてこう語った。「……こうした企図を実現するには、おそらくそれについて明瞭に語られないことが条件となるでしょう。したがって、私は観客の皆様にお願いしたいことがあります。私がこの場で話したことはすべて忘れてください。この瞬間から、これまで私が話したことはすべて私の心の中だけに留めておきます。[2]」筆者の推測では、これこそが〈プロジェクトX〉たる理由である。

『S, M, L, XL』の序文においては、建築が「無秩序な冒険」であると語られ、それゆえにこの本は、全体の整合性を装うことは決してしない。コールハースによるテクストは、プロジェクト同士を関連させるというより、独立した建物ブロックとして機能する。この本は「矛盾を避けることはせず」、「どのようにも読んでも良い」とある。こうしたことは賞賛に足ることであり、安心感も与えるから、多くの読者たちは当然その自由を謳歌するだろう。しかしそのような指針は、得てして信じ難いものである。最初の数ページにおいて、読者がするべきことや、本に期待してはいけないことをこれほど明確に記した本も見たことがない。用心深い読者であれば、こうした読者を喜ばせるような誘惑が、実は欺きに似たものであると感じるだろう。自由奔放たることは、きわめて生産的になり得るかもしれないが、特に批評的になるわけでもない。そのことこそが、『S, M, L, XL』が、実はほかに例を見ないほど非常に緻密に構成された大著であるという事実を隠蔽しているのである。

マースカント賞からおよそ20年を経た現在、コールハースとOMAはすでにその真価が問われる「作品」を実現させている。我々は今や、コールハース自身がいかにして「建築における忘れ去られたポテンシャリティ」を理論の上だけではなく、実際に応用したのかを確かめることができるのだ。後にコールハースは、「マッス」と「巨大なスケール」を合成した、「ビッグネス」という重要なコンセプトを提示する。マッスとスケールのどちらも、人間の孤立した身体との関連を示唆する用語であり、人間の身体は「ビッグネス」との比率において、自らの自律性とスケールを失ってしまう。個々の人間は、「過度なもの」や「標準サイズを超えたもの」に対しては、明確に定められた場をもつオブジェやシステムに関わるのと同じようには、それらと自分を関係づけようとはしない。つまり個々の人間は、途方もなく大きなものによって打ち消されると同時に、それらに組み込まれてしまうのである。「過度なもの」や「標準サイズを超えたもの」は巨大である。しかしながら「ビッグネス」は、コローサル（途方もなく大きいこと、または2階以上の高さの柱式）と同義ではない。コローサルは個々の人間が自らとの関連性を見いだせるオブジェのひとつである。他方「ビッグネス」は、その莫大な大きさゆえに「内部」は外皮《エンヴェローブ》から自分自身を切り離し、本質的に「外部」との関係を断ち切って、内部自身が環境になろうとする。それはイメージを生み出すこともなければ、場をつくり出すこともない。ビッグネスに直面した個々の人間は、「計算する」ことをやめる。人間の身体はもはや基準値とならないからである。そこでは、人類が自らもつイメージやスケールの範疇において築き上げてきたもののすべてが無価値となる。すなわち「構成、伝統、透明性、倫理観」という、一言で言い換えれば「都市」というもの自体が無効になるのだ。しかしながら理論的には、コールハースはこの「ビッグネス」を「大きな塊のような存在」という簡潔ながら最も的を射た、経験的に生み出された用語で定義している。その用語が自らに課しているのは、「過度である」ことなのだ。

「ビッグネス」は、大量生産《マッス・プロダクション》の留まるところを知らない発展の所産である。その発展は「過剰」――多すぎる人口、相互関係、言葉、事件、商品、金銭――を生み出した。だがコールハースは「マッス」を歴史的あるいは社会的な現象と見なしているわけではない。彼によるマッスの定義は、社会集団や共同体的性質の視点とも関わりがなければ、グローバリゼーションにおけるアイデンティティの喪失や情報洪水における透明性の「喪失」、あるいは過去の歴史に見られる質から量への移行という視点のいずれとも関係がない。さらにいえば、重さと軽さの緊張関係、すなわち古代あるいは近代以前の時代の重量感と、スーパーモダンの時代の耐えがたい軽さとの緊張関係が、彼の定義の根幹を成しているわけでもない。コールハースは文化哲学者ではなく、理論家なのである。それゆえに、彼はマッスをあるがままの状態ととらえる。マッスは、いかなる具体的な有限の社会的あるいは建築的フォルムよりも、より一層原初的で必要不可欠なものである。「大きな塊《マッシヴネス》のようなもの」は、どのフォルムの奥底にも横たわっており、ちょうどカオスが、組織を構成する秩序や分子の裏側に存在するのと同じである。フォルムは「ポテンシャリティ（可能性）」から、切り離されたものなのだ。「マッス」という物質の原始的な状態においては社会的なものが、ある種の文脈や関連をもつものとして存在するのではなく、流動的で形のない構造を欠いた状態、すなわち「自由なもの」として存在する。したがってマースカント賞のスピーチでコールハースが用いた用語を借りれば、社会的なものは「かたちのないもの」と化すのである。加えて「趣味」が、社会的な構造と場を再生産するメカニズムであるならば、かたちのないものであるマッスは自動的に「趣のないもの（悪趣味）」となる。こうした存在論においては、あらゆる目的は表層的であり、あらゆるユートピアは単純素朴である。コールハースは、家族や村落の共同体的性質の伝統や都市における政治的共同体の性質が——それらは長い間、建築史において「通常」の性質として受け入れられてきたものであるが——人類のメトロポリスの未来像を導き得る様々な価値の担い手、あるいは踏石になり得るとは考えていない。とはいえ大きな物語が迎えている危機は、悲嘆すべきものではない。人類主義の見地において、大いなる喪失であるとかシニシズムの一形式と見なされ得るもの、すなわち道徳的プロジェクトとしての政治、社会を放棄していると考えられるものは、このような視角においては、明快きわまりないものの一形式なのだ。ネオ・アーバニズムやアジアの新興巨大都市の爆発的な成長、あるいはカオスが「消費のためのオブジェ」、「建築と都市計画の中心思想」[3]と化した日本など、特定の歴史的発展の中にこそ、コールハースは「真実」を見る——その真実とは、歴史の「突破口」となる存在論の原則にほかならない。

コールハースは、伝統的な社会形態と社会的形態が現在抱えている危機を「超えて」、思考することを意識している。だがこの危機は、古代ギリシャの都市国家が抱えていた危機と興味深い共通性を有する。「ポリス」は多少なりとも統制力をもった自治共同体として、プラトンとアリストテレスによる政治哲学と道徳哲学の骨格をつくり、西洋の政治概念の基礎を築き上げた。そのポリスが、より「グローバル」かつ不安定な権力構造へと方向転換せざるを得なくなった時、その状況を反映した新たな哲学的概念が発達したのである——その最初の例が、唯物論的存在論である原子論であった。原子論の仮説においては、存在し、生成するあらゆるものが、不可分子から成る「マッス」の外形および運動にほかならない。形成された本体やかたちは永続的なものではなく、さらにそれら自体、決定的な意味をもたない。なぜならそれらはすべて変容し続けることで、最終的には消滅するからである。よって個々の人間は、本質ある治状況にあって、古代思想家たちはこうした道徳上の問題を「いかにして人は、マッスの只中で立派に生きていけるのか」と表現した。すなわちそれは「大きな塊のような存在《マッシヴ・プレゼンス》」の核心でおいて、いかにして人は立派に生きていけるのか、という問題だったのだ。当時の典型的な政かならなかった。つまり、全体的に見れば不道徳で結局のところ無意味でしかない現実世界にとって、ある意味では禁欲主義者にとっても、道徳は――万人のための――個人的な問題にほ生はいつになったら「成功」するのか。自分がもつ可能性はいつ花開くのか。快楽主義者に保証している。しかしながら幸福とは何か、という非政治的な疑問は依然として残るのだ。人「変革」を意図する道徳的かつ基本的な教義である一方で、共存が「実行可能」であることを規範や価値は、当然いつの時代でも求められるものであるし、この新たな倫理観も、社会の治的な問いは未解決のままで置かれ、政治は権力と統制の問題へと成り果てるのだ。社会的な味になることである。したがって「我々はどこへ向かおうとしているのか」という倫理的・政ら成るマッスの中に融解される社会においては、政治的理想や契約といったものがすべて無意よって補完される。決定権をほとんどもたないいくつかの小さな「共同体」が、個々の人間かゴールもなければ、方向性もないのである。この存在論はさらに、ひとつの新たな倫理観になかたち、意味のあるかたちを回収できるだろうなどと期待すべきではない。つまり社会にはいは真実の枠組みという「地平」をもつことなしに生きなければならず、未来において決定的生きることを意味していたのであろうか。人がもはや社会政治的なユートピアの理想を信じようとしなくなった時、あるいは人が政治を「超えて」しまう時、「万人のための」建築はいかにして建てられるべきなのか。

コールハースによる現実のとらえ方は、古代の原子論によるそれと近しい部分がある。人々が住む（そして建設する）物質的な状況は、ヴォイド（虚空）＋マッスである。「何もないところでは、あらゆることが可能である。」と彼は言う。▼4 経験は物事の本質を明らかにすることもなければ、究極的なゴールをわずかなりとも示唆するわけでもない。それは付随現象であるに過ぎない。行動は同質なものを組織化することであり、社会の現実は「外見」として存在する。「ヴォイド」は運動と変容の原則であり、出来事は圧縮化により生じたものであり、死は消失となって均質性の中に溶けてゆく。社会は偶然性と一時的な形成によって成り立ち、人々はそれを制御したり操縦することはできない。人は単に社会が機能するための条件を備えた枠組みをつくり出しているだけである。このことは市民のための建築や公共建築を扱ったOMAのほとんどのプロジェクトに文脈を与えている。コールハースの「公的な」建築は、決して「政治的」ではない。つまり永続的な意義や意味をもつ形式を生み出すことはまったく意図されていないばかりか、「共同体風のイメージ」のモニュメントに相応しいわけでもない。完全主義の態度や、ディテールの永続性を求めることほど哀れなものはない。公共建築とは限られた寿命の建物であり、経験の強化あるいは増強のみを目的としたものである。それは、「マッス」の密度や加速を統制する流動的な制御装置である。これらに加えて、さらにコールハースは――まるで、アンコールのための即興的な演奏のように――この強化された活動と建物の内部にあるヴォイドとを対比させる。ヴォイドは経験を「開放」し、そこでは視線が常に途切れてしまう。そして、彼はうなずくのだ――それに関わるすべての人々のために――建物の内と外で起こるあらゆる事象が生み出した副産物である、無意味な美しさのきらめきに向かって。それは、光と色の戯れにほかならない……。

コールハースは自らの理論や現実についての概念を公の場で述べてはいるものの、それらを補完するものや、自らの倫理観については口を閉ざしている。彼の倫理観は、都市国家であったポリスが消滅する時期の古代哲学の見識と似通っており、ギリシャ哲学よりもむしろローマ時代のそれに近い。ローマは、以前からコールハースにとっての重要な要素であり、それに対する言及は益々増えてきている。彼による分析とテクストにおいては、ローマは古代におけるグローバル化された世界の原型として提示される。集積と混合のカオスであるローマは専制的に統治され、方向づけられ、無制限に継続し、拡張し続けた。だが、それにもかかわらず、ローマは「ほかのどこかの場所に行く」ことはなかった。ローマ帝国においては、政治はもはや道徳的プロジェクトではなく、都市国家および「グローバル化された」帝国におけるマッスの秩序化と制御に関わる問題であった。これこそが——ローマが哲学に対して行った唯一の貢献であり——原子論のより一層の発展と古代後期の道徳教義の土壌となったのである。古代の「ビッグネス」の真ん中でいかにして人が立派に生きていけるのか、という問いに対するローマの解答は、快楽主義者と禁欲主義者とを、あるいは精神の平静と経済的自給自足とを、自己執着と冷静さとを混合し、遠方を切り開き、友好関係を求め、「精神生活」を教化することであった。立派に生きるために、人は——ボードレールの言葉を借りれば——「群集の只中でひとりで」いることから学ばなければならない。これを成し遂げるための最初にして最も重要な手段が、家をもつことである（経済的余裕があれば、カントリーハウスや「ヴィラ」を所有することになるだろう）。このことがコールハースによるローマについての主要な言及が、単に古代巨大都市としてのローマのみならずその補完物、すなわちポンペイのローマ時代の住居に対してもなされる理由なのである。

ＯＭＡが設計した住宅やヴィラは数は少ないとはいえ、明らかに重要なものである。それらの図案は、数多くの作品のプレゼンテーションや概説において堂々と提示されているが、コールハース自身はこれらの住宅についてあまり多くを語ろうとしない。彼の「対話」は、公共建築に関わるものであり、都市計画と建築が社会的に機能する方法や、設計者の立場、知的かつ創造的、社会的な実践としてのデザインプロセスに関わるものである。例えば『S, M, L, XL』

では、120ページ分が、日本の〈ネクサスワールド集合住宅〉と〈ヴィラ・ダラヴァ〉というふたつのパティオヴィラに割かれ、どちらの項にも読者の心を癒すかのようにほほえましい秘話が記されている。しかしながらこの本全体を通読しても、住宅とはいったい何であるか、という問題や、住宅において何が起こるべき、あるいは起こり得るのか、についての陳述はわずかしか発見できない。同書の「辞書」の部分にも、住宅（house）、ヴィラ（villa）、住居（dwelling）の項目はない。無論、コールハースが彼の出版物で繰り返し採り上げている住宅は、それ自体が自らを語っているとも考えられるだろうが。

コールハースにとって、住宅とは「密かに住む」場所である。住宅は様々なやり方で、周囲の環境あるいは都市から顔をそむけ、離れて建つことで、それらとの関係を断ち切る。近代以前の住居の多くは、閉じられた存在を形づくり、「中心」（暖炉、煙突、階段、屋根など）を取り囲むように建つことで、周囲の環境との関係を断ち切っていた。この「中心」は、生活のあらゆる面を象徴的に絡み合わせるものであり、ゆえに「中心」は住宅自体を「小宇宙」に変える働きをもつ。現代の中流階級の住宅はどちらかといえば社会的なロジックに従っている。つまり、住宅自体をファサードの裏側に隠して内部空間の可能性を開拓し、エントランスを防御して街路を警戒しているのである。だがコールハースが建てる住宅は「ローマ風」のやり方でもって、内部に向かおうとする建物である。つまり、周囲の環境に背を向け、開放的な空間であるアトリウムとインプルヴィウム（アトリウム中央に置かれる貯水盤）を取り巻くように構成することで、生活に静止の瞬間をもたらす「俗界の」中心へと導く方法である。コールハースによるふたつのパティオヴィラと、〈森の中の家〉は、この論理を最も強く推し進めたものであろう。1984-88年に手掛けられた、ふたつの方形のパティオヴィラは、エントランスや階段吹抜け、寝室、ガレージを備えた半地下構造の建物である。階段を上ると上の階の中央に辿り着き、その横は開放的なパティオとなっている。すべての部屋はこのパティオを取り巻くように配置されているため、それぞれの空間へといざなうようなエントランスは存在しない。またどちらのパティオヴィラにも、庭が美しく見渡せる広い空間がある――実際、出版物に掲載されたほとんどの写真は、庭を眺めるアングルで撮影されているのだ。しかしながら、こうした眺めよりも住宅の中央部分の方が強く惹きつけるものがある。パティオは縦方向に透明であるため、開放的な空間が保たれているが、この透明性自体が鍵となるわけではない。パティオにあるふたつの横長の壁のうち、ひとつは波形の金属板であり、ほぼ完全に閉じられている。パティオの床には磨りガラスが用いられ、日中はこの床を通じて下の階が照射される。この床とガラスの壁、金属板の壁の3つは、空と自然光を反射させるだけでなく、夜には床が下の階から照らされることで、パティオを空っぽのランプに変容させるのだ。出版物においては、パティオは住宅の「空っぽの心臓」と記されている。住宅を瞑想的な内側へと向かわせるこうした手法は、

〈オランダの家〉の別名でも知られる〈森の中の家〉（1992—94年）においてより一層ラディカルなものになった。下宿者用の居所を備えたこの一戸建ての住宅は、オランダのうっそうとした森の中に建っており、メインとなる建物は、パティオヴィラのプランの大まかな輪郭を反復している。長方形の平板が浮かび上がっているようなその建物は、ガラスの壁を備えており「ゼロレベル」——地上レベルの階に設けられたアトリウムの真下——にはユーティリティスペースとエントランスが設けられている。この長方形の住宅は孤立しているため、パティオヴィラとは異なり、建物の周囲全体を見渡すことが可能だ。だがこの住宅では「空っぽの心臓」は閉じられている。階段を上ると居間の中央に出るが、階段の出口にある跳ね上げ戸のハッチが、人が通る際に跳ね上がって開くことで、「中心」への唯一のアクセスを封印し、隠してしまうのである。跳ね上げ戸を再び閉めると——つまりエントランスを封鎖すると——そこで初めて、跳ね上げ戸を横切ってつながる細い廊下が現れ、その廊下が小さな跳ね橋となって、住宅内の秘密の「中央」、すなわち寝室とバスルームへと導くことに気づかされる。その寝室とバスルームはどちらも、内側にある別の小さなパティオに向かって開かれており、そのパティオは飾り気のない壁で完全に閉ざされているのだ。このことはつまり、居間から住宅の秘密の心臓部へは、アクセスもなければ視覚的な接触もないということを意味する。したがって人が心身ともにひとりきりになれる内側の空間は、単に隔離されているだけでなく隠されてもいるのである。これはラディカルな選択だ。森の奥という場所にありながら、最も居心地の良い空間は「景色」や周囲の開放的な空間から遮断されているのである。寝室から見えるのは、小さな閉所であるパティオの閉ざされた壁と空の切れ端だけである。居間の空間の4つの壁もまた、モダニズムの原則に従うものではない。ガラスの壁は、住宅を存分に開放的な空間にするために設けられたのでもなければ、内部空間と外部空間の間を透明化するためでもない。これらの壁は、反射や色が異なる種々のガラスでつくられていることに加え、様々な仕切りの仕方が可能なのである。それがもたらす効果は、完全には透明でないガラスが眺めを屈折させ、半ば人工的な景色を投影するスクリーンとして機能することである——つまりフレスコによる風景画が描かれた、ローマ時代の住宅の内部の壁が果たす機能とほぼ似通っているのだ。したがって〈森の中の家〉はパティオヴィラの論理の要点を繰り返しながらも、それをラディカルにしたものなのである。これ以上の「秘密の生活」を送るのはまずもって無理だろう。OMAの出版物では、この住宅が数度にわたって論じられているが、その「心臓」について触れたのは一度きりである。掲載写真は大抵、この住宅の秘密につながる廊下が、あたかも観る者の好奇心をくすぐるようにわずかに垣間見えるものになっているのだ。

OMAの家は、世界全体を要約するような記号的源泉ではない。つまり、世界やその向こう側にあるものについてのいかなる視点をも提示するものではない。さらにそれは、グローバルなネットワークの「本部」でもない。ＯＭＡの家は、密やかな会話であり、隠棲の場所である――すなわち「大きな塊のような存在」から遠く隔たったものである。ローマ時代のヴィラと同様、ＯＭＡの家も、費用の問題と風光明媚な郊外に敷地を確保することの難しさからいって、特権的少数のための「解決策」であるといえる。しかしながら〈ネクサスワールド集合住宅〉の例をみれば、この種の住宅のロジックが異なるタイプにも移し変え可能なことが明らかになる。ふたつのブロックからなるこの集合住宅は、24のユニットを備えており、各ユニットはほぼ四角の形をした3階建ての建物となっている。ブロックはどちらも、オープン構造の淡い色をした土台の上に立ち、土台は建物を取り巻く暗色の粗石造の壁を支えている。ほとんど完全に閉じられたような高い壁は、要塞を想起させる。出版された写真のほとんどは、この上空から撮ったものや高い壁の上から、あるいはガラスの壁を通してすべてのアパート（ユニット）を撮り込んだものである。実際のところ、個々のユニットは社会的にも視覚的にも他のユニットとは関係づけられていない。さらにそれらのユニットが一体化した建物や近隣地区を形づくっているわけでもなければ、楽しげな雰囲気を醸し出しているわけでもない。各ユニットの内部は、内側にあるプライベートなパティオを取り巻く形で構成され、内部空間は開放的なプランとして、自然光が存分に採り入れられている。しかしユニットの内部から眺められるのは、無地の壁であり視線を斜め上に向けると、片側からせり上がる屋根の下に空が見える。ユニットはすべて同じ向きに配されているために、お互いに顔を合わせることはなく、したがって全員一列となって、隣の列のアパートの飾り気のない屋根の向こうに抽象的な空虚な空を眺めることになるのだ。彼らには眺めがなく、つまり彼らが「外界」を見ることはない。したがって、垂直方向に処理されたケースであるこのプロジェクトは、その複雑さによってヴィラの概念を異なったかたちで実現したものといえる。住居空間は、人がひとりきりになれる隠遁した場所として解釈され、そこで自分自身とともにあるのは、都市的な要素よりも居住性から隔たった空虚さの断片、あるいは空の断片なのだ。

コールハースの理論と分析は、彼が実践していることを包含するものではない。OMAによって建てられた数少ない住宅が示すのは、生活することとは何であるか、それはどうあるべきかについてのきわめて理にかなったラディカルな視点である。その視点を鼓舞した「古代の」哲学が補完するのは――それはユートピア思想ではないが、きわめて重要なものである――「ビッグネス」と大きな塊のようなものを、建築とアーバニズムの基本要件とし、かつデザインのための必須の出発点とするコンセプトである。コールハースは彼の住宅の意義から距離を保ったままでいる。ちょうど、彼の住宅自体がそこで営まれる生活から距離を保つように。物事はそれが明瞭に語られない時に動き始める。コールハースによる理論的な分析は戦略的なものであれ知的なものであれ、生活に関する「対話」を必要とはしない。しかしながら〈プロジェクトX〉を深く理解するためには、対話において語られない事実こそが最も重要であるように思えるのだ。

1▶ Lucius Annasus Seneca, 'On the Good Life (DE VITA BEATA)', *Moral Essays*, translated by John W. Basore, vol.II, The Loeb Classsical Library, London, 1928-1935.
(邦訳はセネカ著、茂手木元蔵訳『人生の短さについて　他二編』岩波文庫　１９８０年所収、「幸福な人生について」１２２-１２３ページ)

2▶ Rem Koolhaas, 'De wereld is rijp voor de architect als visionair', *Archis*, no. 8, 1986, pp.45-47.

3▶ Rem Koolhaas, Parenthesis, in 'The End of the Age of Innocence?', J.Lucan, *OMA/Rem Koolhaas*, New York 1991, p.164.

4▶ Rem Koolhaas, 'Imagining the Nothingness' (1985), in: *S, M, L, XL*, New York/Rotterdam 1995, p.199.

OMAのベルリン：都市における論駁の島

フリッツ・ノイマイヤー

Fritz Neumeyer, 'OMA's Berlin: The Polemic Island in the City,' in Assemblage, 1990, no. 11, pp. 36-53.

「ベルリンは実験室である。その豊潤な歴史は、この都市のさまざまなモデルが示す模範的な変遷——すなわち新古典主義の都市、初期のメトロポリス、モダニストにとっての試験台、戦争の犠牲者、聖ラザロ、冷戦の表出など——の中に存在する。爆撃された後、分割されたベルリンは、いまや中心を欠いた場所、つまり中心の集合のような場所であり、それらの中心のいくつかは虚空でしかないのだ。」[1] レム・コールハースは、彼自身が収集している都市の絵葉書や都市に対する自らの想像力に刺激されてこのようなベルリンの姿を描き出した。それは、歴史上の様々な通過点における光景の目録であり、ベルリンを幾多もの謎めいた状況が層を成す考古学的な遺跡として顕現させるものである。この都市はあたかも近代のポンペイの如く、壁によってふたつに分割され、その壁はまた世界をふたつのイデオロギー陣営に分割した。それによって、この都市は「大都市の建築」についてのコールハースの声明において、ニューヨーク、パリ、ロサンゼルスに次ぐ地位を確保したのである。ベルリンほど密集と虚空、歴史と破壊の混合という特徴や、歴史的フォルムとめまぐるしく変化する現実の共存がはっきり見られる場所もない。こうした矛盾の蓄積の度合いこそが、OMAの実験の精神や、都市に対して彼らが抱く独特の楽観主義を刺激するのである。つまり、西ベルリンの孤島のような状態が、メトロポリスという人工的な有機的組織をめぐるアイデンティティの問題を独特のかたちで露呈させるのだ。

OMAの出身地はニューヨークであると思われているかもしれないが、実はベルリンにほかならない。ベルリンを起点とする道がマンハッタンにつながっているのであり、コールハースの名を一躍有名にした1978年の『錯乱のニューヨーク』の彼方に、ニューヨークほどスペクタクルではなくとも、同様に「錯乱」したベルリンが位置づけられているのである。▼2 この錯乱したベルリンは、初期のOMAのプロジェクトの間を縫って進む赤い糸のようなものであり、OMAの過去の歴史の物言わぬ証人でもある。というのも、彼らの活動の歴史はまさにベルリンの壁——この都市にそれ以外の選択肢はないだろう——から始まったからである。マルク・ブランデンブルクの砂状の土に内在するパラドックスとアポリアがかつて表象していたものは、現実把握の一形態であり、それこそがこのメトロポリスの精神的領域とその「錯乱」に対する注視を促した。この都市では、現実を渇望する精神を育むエキゾチックな養分が豊富に存在する一方で、矛盾を渇望する精神が、そうした現実の内部に潜む詩的要素が露になる時に突然生じる軋轢に、直面させられるのである。

1▼ Rem Koolhaas, 'Berlin', *Zone* 1-2（1986）：4499. さらに以下の文献を参照。Rem Koolhaas, 'Urbanisme : Imaginer le néant,' *L'architecture d'Aujourd'hui* 238, April 1985, p.38.

2▼ Rem Koolhaas, *Delirious New York*, New York 1978.（邦訳はレム・コールハース著、鈴木圭介訳『錯乱のニューヨーク』筑摩書房、１９９５年）

AMOの使用手引き

ブルース・スターリング
Bruce Sterling

建築事務所の「OMA」は、なぜ、OMAを左右逆にした「ヴァーチャル専門の」事務所、「AMO」をつくったのだろうか。その実質的な理由はいくつか挙げられる。まず、物理的な建物（もっとも最近、それらはコンピュータの画面上で設計されるのが常である）と情報（これは地球上にあふれ返っており、シェルターや統制化された組織の必要性を要求している）というふたつの活動領域が、判別し難くなってきていることである。OMAの所長であるレム・コールハースは、ハーヴァード大学でも教鞭を執っている。ふたつの大陸にまたがる彼の「シンクタンク」は、ハーヴァードの頭の切れる大学院生たちを再活用するのに、まさにうってつけのものに違いない。

さらに考えられるのは、知的習性という利器の存在である。コールハースは、まだ学生であった1960年代から今に至るまで、常に建築とメディアの混合を行っており、彼はその点でずば抜けている。レム・コールハースはかつて新聞記者であった。彼はまた、扉止めになるぐらい重くて巨大なイラストを満載した本を書いた。さらに彼は、映画の脚本執筆で得たお金で建築学校に進学した。したがってAMOはヴァーチャルなものや情報に関心を寄せる集団とはいえ、実在する物理的な構造物の文脈に位置づけられるのである。

OMA/AMOという二分法は、ひとつのプロセスに対してふたつのアイコンがクリックできる状態を生じさせる。最近はこうしたアプローチが好まれる傾向にあり、二元的な企てといったものが、現代の高度に融合された都市に集中している。そのけばけばしい例はこの惑星の都市風景の中にタワーとなって聳えると同時に、スプロール化しているのだ。図書館は、コールハースが特別の関心を寄せるものである。つまりそれは、巨大な情報の納屋なのだ。彼は中国の放送センター〈CCTV〉とドイツのメディアキャンパスの仕事を進めているが、それらの建物の直接の目的は、大量の情報を流すことである。実際の建物はノードであり、情報フィルターであり、ヴァーチャルな工場なのである。とはいえ現代の建物はすべてこうした傾向にあり、それは情報経済とはまったく関わりがないように見える建物でも同じである。都市は携帯電話やラップトップ、プラグイン式のパソコン、埋め込みチップ、警備システム、シグナルや信号でぎゅうぎゅう詰めになっている。デジタル化されたメトロポリスは、高度に情報化された世界である反面、無計画で、粗野に設計されたものでもある。情報化が遅れている建築には、悲惨な末路が待っている。それは都市の文脈においては、交通渋滞や面倒な警備、派手な看板、うろたえるタクシー運転手、迷子の観光客、あやふやな通話可能区域、ネットワークの停止、電気やガス、水道設備の故障、エネルギーの無駄遣いなどが延々と続くことを意味するのである。

ヴァーチャルなものと現実とを器用に組み合わせる技術は確かに有用であり、特にリールに巨大な鉄道駅を建設するような時には大いに役立つ。〈ユーラリール〉のプロジェクトのように途方もなく大きい駅舎は、普通は「ヴァーチャル」なものとは見なされないが、まさに情報化に屈服した見事な例だ。鉄道の駅舎というのは巨大な空間であり、そこには住人もいなければ、寝起きする者もほとんどいない。そこは電車の到着と発着、アナウンス、スケジュール、時刻表が収斂する場所であり、都市の中核として、数字や切符や記号が殺到するネットワークノードである。駅舎から情報を取り去り、ネットワークのリンクを切断したら、そこには何も起こらない。建設者が建てた壁や線路はそのまま存在するだろうが、そのほかのものはすべて消えてしまうのだ。

ヴァーチャルな事務所は、スタンダードな建築という箱の外側で考え、活動することを可能にする。そこであの有名な本『S, M, L, XL』について考えてみたい。コールハース自身が「小説」と呼ぶこの本は、かつてないほど大規模な都市型の建築を扱っている。私はSF作家であるが、正直言って建築家に「小説」をデザインすることなどできるものか、と思っていた。しかしながら、混合主義のアプローチは驚くべき成果を生み出したのだ。私は『S, M, L, XL』の中でしばしばSFが引用されていることに気づいて興奮した。これは確実にSF作家がヨーロッパの有名建築について知っているよりも、はるかにSFに精通している建築の本である。『S, M, L, XL』は、「小説」にしては驚くほど多くのエッセイやマニフェスト、さらには建築の巨大で詳細な青写真を誇らしげに収めている。それにもかかわらず、この本はエキサイティングなプロットの緊張感や、カラフルで暴露的な性格を保っているのだ。1204ページを開くと、興奮したマデロン・フリーセンドルフが、当代の建築家たちが寄り集まったきらびやかなパーティを観察する様子がうかがえる。

それから彼らは踊りだしたが、その踊りのひどさといったらなかった。というのも皆、いらいらして、床を踏み鳴らすぐらいしかできなかったからだ——いかにも建築家らしい踊りである。つまり洗練され過ぎていて、踊ろうと思ってもできないのだ。だから彼らが踊ると、その踊りは幾何学的なスパニッシュ・ダンスと同じぐらいみっともない！　このパーティは最悪だった。皆、お互いに憎み合っているのだ。ひとりはコンペに勝ち、ほかの者は全員彼を羨ましがる(しかも誰かの最初の夫人は今ではほかの誰かの2番目の夫人なのだ――つまりオランダ政府と同様――同じ人々の間で取り替えっこをしているのである)。誰もが緊張感を感じていた。突然、バシッという大きな音がしたと思ったら、リチャード・ロジャースが誰かを「叩きのめしていた」――リチャードは彼の顔を叩いたのだ。白いタイルの上に血がしたたり落ちた。本当の取っ組み合いだ！　その後は全員が何も起こらなかったかのように振舞った。彼らはグラスの破片が散らばる中でひたすら踊っていた。

私はこの観察がすっかり気に入り、ついついページをめくってしまったと断言する。これは驚くべき文化的状況を詳細に語ることで、我々を手っ取り早く教化してくれるのだ。

AMOは、1990年代の申し子である。しかしAMOの真の出所は、おそらく1971年のコールハースとベルリンの壁との伝説的な遭遇にまでさかのぼるだろう。ベルリンの壁は今や完全に消滅してしまったが、この1971年の遭遇はほぼ間違いなく「建築的・ヴァーチャル的なもの」の萌芽の瞬間であった。若きコールハースは（当時は、気まぐれで矛盾だらけのまさしく1968年世代の人間だった)、ロンドンの建築学校を休み、当て所なくベルリンの壁に行き、学校のゼミの提出用にこの壁についての気の利いたレポートを書こうと考えた。建築評論の学生が、このように共産主義の軍部による仮設物に目を向けることには気まぐれな60年代の「勿体ぶり」の気質が感じられる。それはともかく、コールハースは実際に「ベルリンの壁と遭遇した。」奇怪でおそろしく実用的で、冷戦が体現化された現実がそこに佇んでいる——それは、途方もない大きさの、人々を全体主義化するような破壊的な巨像であり、延々と続くコンクリートの脱出防止壁であった。世界的な大都市は「まるで、つくりもののメスで切断された頭のように」真っぷたつに切り裂かれたのだ。何もかもを打ち砕くような洞察に触れた建築学生は、もはや勿体ぶった態度を決め込むことに救いを求めることはできなかった。

さらに、一見して明らかなこの壁の特徴とは何であろうか(西側から見た場合に限るが)。ドイツの市民社会という肉体の上に建つ、この巨大で頑強で奇妙に美しくもあり、破壊的で、塊のような設置物のもっともカラフルで人目を引く部分はどこか。それは落書きである。地上からスプレーで噴射された落書き、抗議のサイン、辛らつな警句などが延々と続いている。これはまさしくメディアであり、もっとも原始的で無法状態のコミュニケーションであり、誰ひとりとして恩恵を授からない巨大で残忍な構築物に物理的に吹きつけられた、一種の地下出版物である。このコンクリートと有刺鉄線と鋼の死したような塊は、堅牢かつ巨大なシンボルなのだ。

現在の近代的なベルリンには誰もが行くことができ、そこに行けば、かつては物理的に動かせないものの代名詞であったベルリンの壁がヴァーチャル化されていることに気づく。壁は決して忘れ去られたわけではない。だがそれは幽霊と化しているのだ。再統一されたドイツの首都において、ベルリンの壁は、文字通り平らな弱々しいグラフィックな記念碑として道路に描かれた一本の線となった。線の上では少々がっかりした観光客が、マシンガンの火花や脱出用トンネルの姿を想い巡らせる。もちろんこれは皮肉である。とはいえこれは明らかに、現実からヴァーチャルへの変換が決して説得力のない、上品ぶった仕事ではないことを示しているのだ。人々はハンマーを手にした群集となって、壁をぶち壊すことができる。ブルドーザーを使ってそれをやることもできる。

以降、コールハースはこのベルリンとの遭遇が彼を「真剣な建築学生」に変えたと語っている。彼はそのように真剣になってからというもの、とりわけ人間の利益にはまったく与しないような建築についての知識を蓄えていった。錯乱し、突如の動乱に揺れ動き、まったく異なる体制に変容させられた都市であればどこであろうと、必ずコールハースがカメラとノートをもってそこに立っていた。「野蛮（savage）」や「粗暴（brutal）」といった用語は、コールハースが用いる批評的語彙の中でも、最大の称賛を意味する用語である。というのも彼は、象牙の塔のまばゆい世界からやって来た理論家であるにもかかわらず、地上の粗暴で野蛮な真実にたじろいだりしない人物だからだ。

大方のオランダ人と同様、彼も驚くほど遠回しにしか、こういうことは認めないだろうが、彼の著作を読んだり、青写真をつぶさに見れば、誰でもこの創作者は劇場の入り口の看板を見ただけで、暗闇の奥で起こっている不可解な出来事を見通してしまう人物に違いない、と思う。コールハースは、統制経済政策の5年計画に専念する振りをする人々の間に隠れてしまうようなことはしない。彼は飛行機に飛び乗り、動乱の最中にある無秩序に「計画された」都市、ナイジェリアのラゴスの調査に向かう——彼が調査するのは、ラゴスのどこかの地区というより、ラゴスで人々が密集している「ゴミ溜め」のような場所、つまり空間構成上、世界の最下点に位置づけられるような場所である。

私は、物事が諷刺的に並置されている状況に常に注目する実際的な小説家であるがために、プリツカー賞を受賞するような建築家が、ラゴスのゴミ溜めのような場所をまじめに調査しているという事実が嬉しくてしょうがない。しかも、コールハースがひっきりなしに世界中を駆け回るのは写真を撮るためではない。彼はラゴスのゴミ溜め場が「場所」ではなく「プロセス」であると深く分析する。それはある意味で、鉄道の駅舎を想わせる。つまりその広大な都市空間は、形がなく（ジャンクの山）、流動的で（常にゴミが捨てられ、回収されている）、根本的に変化しているのだ（いつ火事になるとも限らない）。やる気のない評論家連中には、ゴミ溜め場に都市を理解する鍵があるというすばらしい教えなど理解できないだろう。だが、そこには無数の鍵があるのだ。

この恐るべき、ゴミのように形の無いものに直面して、「正当な」建築が当然のように行う反発は、フォルムの付与の不朽の正当性を主張することである。（つまり、フリーセンドルフが殴り合いの喧嘩や下手なダンスの話で触れた人々のことである。）この差別的で、合理的な精神のもち主、つまり、パーティで足元にグラスの破片があっても無視する人たちは、推察するに古典的な価値観でもって我が身を救っているのであろう。おそらくそれは、ローマ帝国の時代にさかのぼる、ウィトルウィウス風の洗練され整然とした、由緒正しいプラトンのいう抽象的な建築の価値観である。AMO（あるいはその集団であるハーヴァード大学を拠点とする「都市プロジェクト」）は、『ミューテーションズ』という本の中でこうした価値観の幻想を払拭した。この本の中では、ローマの都市のダイナミクスが、「ローマン・オペレーティングシステム（OS）」というコンピュータゲームにつくり変えられている。

古代ローマ人は、間違いなく「オペレーティングシステム」などという現代用語は使っていなかったはずだ。だがAMOが提示した、ローマ人が自らの都市において日常的に行った操作の成り行きを見ると、まさに彼らが「オペレーティングシステム」を有していたことが分かる。

ローマ帝国は、ネットワークを基盤とするプロセスであり、ローマの各都市は、このプロセスにおけるノードであった。「すべての道はローマに通ず」という自明の理は、偶然の産物によるものだという魅惑的な思い込みに反して、資源や人口、政治的ゴシップ、ラテン語、軍神マルスや天の支配者ユピテルに対する愛国主義的崇拝などがすべて、道に沿って波及するという、帝国構造に固有の性質なのである。その道はいわば標準化され、石畳にされた交通基盤にほかならない。ローマの水道橋も同様である。新たなローマの都市は、ローマ人が敷いた道を横切るように建設され、高く、頑丈なローマの壁は、市街地からの人の出入りを制御した。ローマの街の中心地は、やはり標準化された、きわめて象徴的な建物で占められた。宗教的慣例に従って建設されたローマ風の寺院や、誇示と虚栄に満ちたローマ風の凱旋門、すべてのローマ人がローマ風のゲームに興じる（そうしたゲームは大抵、主だったローマ人スポンサーによって開催された）、ローマ風の円形競技場などがその例である。

これらのことが伝えるのは、建築が価値ある技術の集約物であるとはいえ——ローマ風の寺院を崩れ落ちてこないように建てるのは確かに困難である——どんな寺院も、道や門を行き来する人の流れなしには存在しないということだ。荘厳な寺院のフォルムは、黄金分割の比率に盲目的に従ってつくられるのかもしれないが、もしオペレーティングシステムが故障すれば、後に残されるのは生気のない、時とともにゆっくりと崩れていく大理石の箱だけである。道が存在しなければ、ローマ帝国も存在しない。人はこのことを理解して初めて、次なる有益な方策を採ることができる。何代にもわたって生き残るような印象的で優れた建物をデザインし、その内側に無理やりオペレーション機能を詰め込むべきではない。オペレーションの本来の性質を把握し、それを覆う構造をデザインすべきである。もしこのことが、現代の文脈においては、建物を次の2000年間もちこたえるほど頑丈に建てる必要はなく、「屋台」や納屋として建てれば良い、つまりプラダの店先のショーウィンドウで良い、ということを意味するのであれば……それでいいじゃないか。

こうした考えに支えられると、人はますます強気になる。大胆にも、コールハースの「空虚さ（voids）」の志向を称賛し、建築という巨大な塊を単に「取り除く」ことを考える者もいるだろう。それは高速道路や鉄道、3層から成る駐車場、地下鉄などがすべて集中する巨大センター〈ユーラリール〉の鉄道駅の……虚空を思わせる。もちろんこの「空虚さ」、つまりこの駅舎の「ピラネージ風の空間」は、無味乾燥に空虚なわけではない。そこはすがすがしい空気と陽光にあふれ、啓示的ともいえるような都会の開放感に満ちている。それは「無（nothing-ness）」ではなく、人々を解放することであり、喜ぶべき、建築の不在なのである。

これとまったく正反対の針路を採ることも、同様に挑発的な効果をもたらすだろう。現代の欧州連合（EU）は、ローマ帝国を受け継ぐだけでなく、おそらくはそれをも凌ぐヨーロッパのオペレーティングシステムである。しかし欧州連合には、ＡＭＯの洞察的な言葉を借りれば、「図像学的な欠陥」がある。それはなぜなのか。つまり「ヨーロッパ」は、シーザーのローマとは異なり、緩やかに権力化された帝国だからだ。「ヨーロッパ」は数十年もの間、軍事衝突を回避しつつ、欧州連合の官僚主義でもって、標準化されたローマの水道橋や高架橋のような目に見えない規範を徐々に築くことを、やや内密に進めてきた。さらに「ヨーロッパ」は決して偶然ではなく、靴や化学肥料、煙突、家畜、トレードマーク、化粧品、圧力容器などのサイズ、形態、製造スペック、そしていうまでもなく国際鉄道に至るまでほぼ完全に統制している。

そして驚くことに、もし誰かが意識的にこの流れをわずかに変えようものなら、ヨーロッパ社会の構造全体が連鎖的に緩やかに変わってしまうのである。アルベルト・シュペーアをして巨大で堅牢な建築的光景を繰り広げ、冷酷な支配の全体主義的探求から、大虐殺を行う必要はもはやない。ヨーロッパはプロセスを通じて統合され得るのである。人々はパスポート無しで電車を降り、言葉が一切用いられていない国際的な表示サインに従って歩き、アテネでデンマーク製のツボルクビールを飲み、ヴァレンシアからもってきたユーロでビールの代金を払うという、喜ばしい事実がそれを物語る。

だが待てよ、ほかにももっとあるのだ！　もしこの人物が野蛮なゴート族とかヴァンダル人で、欧州連合帝国と戦いたくてうずうずしている人間だとしても、この帝国の中で彼が壊せるものなど、ほとんど何もないのだ。ヨーロッパの象徴的中心には、コールハースのいう奇妙な空虚さがある。これといった特徴もない、頭でっかちな建築のユーロ貨幣鋳造所や、12個の平凡な星を配したひどく没個性的な青いユーロ旗を除けば、そこにはローマ的な誇示などほとんど見られない。無味乾燥な象徴であるユーロ旗は、現在のヨーロッパがもはや12カ国ではなく、25カ国にまで巨大化しているというのに、いまだに旗として使われている。こうした問題に立ち向かうのに適した人物はいったい誰なのか。AMOはごく自然な選択である。欧州委員のロマーノ・プロディやベルギー首相のギー・ヴェルホフスタットから支援の言葉をささやかれて、AMOはヨーロッパに対して新たな「イメージ・バイト」を提供した。その結果生まれたヨーロッパのための「バーコード・フラッグ」は、実際には現在ヨーロッパ全土ではためいているわけではない。それはおそらく、その旗がうまく出来過ぎているためであろう。

事実「ヨーロッパ」はこの効果的な旗が、彼らを微妙な外交的背景から引きずり出してくれることなど望んでいないのだ。それは賢い政治的選択であろう。つまりこの強力な帝国のシンボルは、野蛮な連中が儀式的に燃やすものになるか、車を爆破する連中にとっての格好の爆破の対象にしかならないからだ。それでも、AMOによるヨーロッパのための「バーコード・フラッグ」は、あらゆるものを吸収する21世紀の多国政治体を、ほぼ完全に表象するものである。これは、前例のない政治的協定のための、前例のない旗なのだ。

「バーコード・フラッグ」は完全に現代のものである。というのも、今日この旗を大量に製作するのは非常に簡単だが、かといって昔ながらの素朴な旗づくりの技術を用い、長時間かけてこの旗を縫ったり、継ぎ合わせたりするのは完全に不可能だからだ。さらにまた、この「バーコード」は、ヨーロッパのすべての国の国旗としかいいようがない。つまりこの旗は、きわめて断定的ではあるが最小限のヴァリエーションしかない各国の国旗の配色を、ひとつの画面の中の厳密に定められた位置に各々吹きつけたものなのだ。それはまさに、ヨーロッパのあり方を示すものである。生み出された旗は、視覚的な統一と呼ぶには程遠いが、それはヨーロッパも同じなのだ。さらにこの旗には、新たなバーコードを貼りつけられる空白の場所もまだ残されている。ヨーロッパが有する拡大化の野望を考えれば、これは便利な特徴といえるだろう。

AMOによる「バーコード・フラッグ」は、たとえ現在のヨーロッパ人がこの旗を見るとたじろいだり、首をかしげたり、多少なりとも神経を尖らせつつ笑ったりするのだとしても、かつて考案されなかったような最高のシンボルであることは確かだ。なぜならこの旗は、短絡的な思考に基づいた単独物としての国旗ではなく、無情と複雑さ、洗練性と開放性、けばけばしさと荒々しさ、残忍さなどがすべて詰め込まれたものだからだ。一見すると、この旗は巧妙な悪ふざけに見えるかもしれない。しかしじっくり眺めていると、本当に美しいものに思えてくる。もっと時間が経てば、穏やかで教育的な澄み切ったものにさえなる。そして最終的には、良いものだと感じるのだ。というのも、まさにそれが良いものだからである。

SF作家は、次にどんなヴァーチャルな建築集団が登場するのか、自然と気にかけている。AMOにはクライアントがついており、間違いなくほかの誰かにも、顧客や客人、職員、消費者向けにブランドアイデンティティやインターフェースを組み込んだ優れた建物を建設し、それを発展させる可能性がある。とはいえ、この発展が描く円弧の論理的限界には、「スマート・ハウス」、「スマート・ビルディング」、「スマート・シティ」といったハイテク化の危険な増殖が存在する。

この点に関しては、深遠な理論的再考が求められるだろう。スマート化の事業は、今までのところ明白な失敗に終わっている。そうした事業は、何とも奇怪で、不器用で、非実用的なのだ。なぜならそれは、建築の実践という原初的要求の中に強引にぶざまなデジタルオペレーティングシステムを組み込んだものだからだ。避難所や住居の目的は、雨風から人を避難させることであり、人を住まわせることである。スマートになったり、インテリジェントになったり、人工知能となることは本来的な要求ではない。サイバネティックに自動化された生活を快適だと感じる人はほとんどいない。そうした建築のクライアントにとって、それはソフトウェアを包装している収縮フィルムの中に住むのと同じぐらい不快である。しかし今の時代に人間が住む建物が、水や燃料、下水道、電力、光、冷暖房、データを供給する延々と変わり続けるシステムなしに存在することなどあり得ない。もしこうしたものの供給がリアルタイムでもっと正確に監視、修正され、さらにその監視や修正がデウス・エクス・マキナ（古代演劇で急場の解決に登場する宙乗りの神）風に人類社会を素早く分析する人工知能という魔法によってではなく、的確に設計された頑丈で反応性の高いネットワークのあちこちに配された優れたセンサーによって行われるのであれば、都市の生活はもっと改善されるであろう。

現代の構造は、暴風雨や地震に打ち勝つため野獣のような力に依存している。もっと良い建物になれば、物理的な状況変化を即座に感知し、リアルタイムでそれに反応することができるだろう。橋や高速道路のひずみゲージは、物質を情報に転換するものと見なされれば、軽量で安価で、滑らかな世界の神経系ともなり得る。もしセンサーや通信手段が非常に安く手に入るようになれば、レンガにさえそれをつけることが可能となる。そうなればレンガ積みの壁はひび割れやモルタルの崩れを自動的に伝えることができるのだ。暴風雨の後、柿板《こけらいた》たちが「我々の同胞は、雨風と戦闘中に屋根の上から行方不明となりました」と遺憾を込めて公式発表を行うことさえできるようになるだろう。

現時点の発展段階においては、ヴァーチャルなものと現実のものとを区別するのは、事実上、無意味である。なぜなら「建築的・ヴァーチャル的なもの」は、日常生活の極致にまで達したからだ。もはやＡＭＯとＯＭＡの鏡像について説明する必要などない。そのふたつが最初に別れていたことの方が奇妙で、古臭いのだ。となると、この事業に関して残された謎はただひとつ、なぜそのことについて書かなければならないと感じるのか、ということである。

公開

サラ・ホワイティング

Sarah Whiting, Going Public, in HUNCH, 6/7, 2003

　ダウンタウン・アスレチック・クラブでは、各階の「平面図」は様々な活動の抽象的な配置になっていて、各フロアの人工の地表上に異種の「パフォーマンス」を描き出す。それはメトロポリスで演じられるもっと大がかりなスペクタクルの断片にすぎない。……このような建築は、生命そのものを「プランニング」する偶然性の形式なのである。クラブのフロア上で思いもかけぬ活動が並存する中、それぞれのフロアは、限りなく予想不能な陰謀の分散的進行の場となる。この陰謀は、メトロポリス的生活形態が決定的な不安定性へと完全に屈服することを賞揚してやまない。▼1

　レム・コールハースは『錯乱のニューヨーク』において「過密の文化」を定義した際に、未来を見据える目的で過去を振り返っている。つまり彼は、超現実主義者による心理学的探求や

20世紀中庸のアメリカに登場したコーポレート建築の模範的なモダニズムの範疇で、しばしば無意識に行われていた急進的なハイブリッドの戦略を暴き出したのである。コールハースは、〈ラ・ヴィレット公園〉〈ユーラリール〉〈コングレスポ〉〈ZKM〉〈ジュシュー図書館〉といった彼自身のプロジェクトにおいて、このハイブリッドの精神を発展、促進、洗練させ、かつ都市や建築に関する攻撃的なリサーチプログラムを通じてこの戦略に息を吹き込んだ。だが、彼の作品がその正当な産物として生み出したアウラは、それが大衆のための公共世界となって増殖した今では、まったく異種のものと化している。そうした増殖の過程においては、ハイブリッドなものが多元的で活発な社会のイメージを常に再生し続けた。しかし、それがもたらした効果は、かつては急進的であったはずが、今や安易な手法とされる「異なるプログラムを横断する戦略」を繰り返し、無意識なものに再び戻ることだったのだ。この種の戦略は、ほんの20年あるいは30年前に、様々な結論を並置させる錬金術として新境地を開いたが、その後は、想像力を欠いた人々の間でもてはやされることになった。そしてこの戦術は、ハイブリッドを一種の提案というよりは手法と見なし、ハイブリッドに特有の、結論を導くことができない性質を再生産し続けたのである。このような戦略から派生したプロジェクトが提示する急進的なイメージは、真に急進的であったほんの少し前の時代に対する、抗し難いノスタルジアを覆い隠すほどの力は有していないのだ。

1▼ Rem Koolhaas, 'Defining Instability: The Downtown Athletic Club', *Delirious New York, New York* 1978, p.157.（邦訳はレム・コールハース著、鈴木圭介訳『錯乱のニューヨーク』筑摩書房、１９９５年、１９８ページ「決定的不安定性——ダウンタウン・アスレチック・クラブ」）

略歴

レム・コールハース
Rem Koolhaas

１９４４年生まれ。１９５２-５６年にインドネシアで過ごす。アムステルダムで『ハーグス・ポスト』紙のジャーナリスト、映画の脚本作家となる。その後、ロンドンのＡＡスクールで建築を学ぶ。この頃行われた理論的なプロジェクトには、「ベルリンの壁という建築（*The Berlin Wall as Architecture*）」（１９７０年）、「エクソダス、あるいは建築の自発的な囚人（*Exodus, or the Voluntary Prisoners of Architecture*）」（１９７２年）がある。

奨学金を得て１９７２年からアメリカ合衆国に滞在。同地でコーネル大学に学んだ後、ニューヨークにある建築都市研究所の客員研究員となる。ニューヨークに魅了されて手掛け始めたメトロポリタンの文化と建築の影響についての分析は、『錯乱のニューヨーク（*Derilious New York, a Retrospective Manifesto for Manhattan*）』（１９７８年）として出版された。

この時点で、理論から実践への移行を決意し、ヨーロッパに戻る。１９７５年にロンドンで、エリア＆ゾエ・ゼンゲリス、マデロン・フリーセンドルフとともにＯＭＡ（Office for

Metropolitan Architecture)を設立する。OMAの目的は、建築と現代の文化的状況の新たな理論的・実際的関係性を定義することであった。オランダ政府から数々のコミッションを受けるようになり、1978年にはロッテルダムに事務所を開設する。このロッテルダムの事務所はOMAの活動の中軸として機能することになった。同時期にグロズスタット財団(Groszstadt Foundation)を設立。このインディペンデントな組織は、展覧会や出版物といったOMAの文化的活動を担った。

1995年グラフィックデザイナーのブルース・マウと共同で『S, M, L, XL』を製作。同書は、現代の社会、建築、都市計画を分析するほか、OMAの活動のドキュメントともなっている。

1995年以降、ハーヴァード大学教授を務める。コールハースが進行役となっているハーヴァード大学の「都市プロジェクト(*Project on the City*)」は、学生による調査グループであり、都市の状況に関わる様々な問題を研究するために設立された。「都市プロジェクト」には、中国の珠江デルタにある5つの都市の分析や、現代都市における商品の消費の役割を分析した「ショッピング」のプロジェクト、ナイジェリアのラゴスの分析などが含まれる。このうちのふたつのプロジェクトは、『前に向かう大きな飛躍――珠江デルタ(*The Great Leap Forward*)』と『ショッピング・ガイド(*A Guide to Shopping*)』として2000年に出版された。

主な受賞歴――ロッテルダム・マースカント賞(1986年)、レケール・ダルジャン賞(〈ボルドーの家〉により1999年受賞)、アントニオ・ガウディ賞(〈リール都市プロジェクト〉により受賞、1992年)、プリツカー賞(2000年)、高松宮殿下記念世界文化賞(2003年)

OMA

Office for Metropolitan Architecture

OMAは、現代社会の考察と現代建築の建設という壮大な意図の下に設立された。初期の活動は数々のコンペのための計画案が中心となっている。1978年の〈オランダ国会議事堂拡張計画〉のためのコンペ案は1等を受賞した。同案が評価されたことにより、オランダにおける初の主要なコミッションとして、〈アムステルダム住宅地区〉のマスタープラン（１９８６年竣工）およびハーグの〈オランダ・ダンス・シアター〉（１９８７年竣工）を手掛ける。

１９８０年代と１９９０年代のＯＭＡは主要なコンペティションに参加しており、主なものに、〈ラ・ヴィレット公園〉（パリ、１９８２年）、〈フランス新国立図書館〉（パリ、１９８９年）〈ジュシュー図書館〉（パリ、１９９３年）などがある。またこの時期には、個人邸から大規模な都市計画に至るまで複数のプロジェクトが実現された。主なものには、エッフェル塔が見渡せる〈ヴィラ・ダラヴァ〉（１９９１年）、福岡の〈ネクサスプロジェクトおよびアパート２棟〉（１９９１年）、ロッテルダムの〈クンストハルおよびミュジアムパーク〉（１９９２年開館）など。１９９４年に計画した〈ユーラリール〉は、北フランスの高速鉄道のハブとなる駅を含む、ビジネスと市民のためのセンターである。

実現されたプロジェクトのほとんどは、オランダとフランスに集中しているが、アジアにとりわけ関心を寄せており、香港に支社「ＯＭＡ Ａsｉa」を設けている。

今世紀に入ってからのアメリカ合衆国を中心に活動しており、プラダの〈プラダ・エピセンター・ブロードウェイ〉、〈プラダ・エピセンター・サンフランシスコ〉、〈プラダ・エピセンター・ビバリーヒルズ〉、そのほかに〈シアトル公立図書館〉、〈イリノイ工科大学マコーミック・トリビューン・キャンパスセンター〉（シカゴ）などを手掛けている。また、これらのプロジェクトにおいて、コーポレートアイデンティティやクライアントの組織を建築的文脈において再定義するコンサルタント活動も行っている。オランダの主要空港を北海に移設する案が論議された際は、移設計画がオランダのアイデンティティにもたらす効果についての分析が依頼された。

ヨーロッパにおいて２００３年現在、手掛けているプロジェクトには、〈カーサ・ダ・ムジカ〉（ポルトガル、ポルト）、〈アルメレのシティセンター〉（オランダ）、〈在ベルリン・オランダ大使館〉（ドイツ）などがある。

さらに、ＯＭＡ史上、最大規模のプロジェクト〈ＣＣＴＶ（中国中央電視台本社ビル）〉も現在進行中である。北京に建設中のこの本社ビルと文化センターは55万平方メートルに及び、北京オリンピックが開催される２００８年に竣工予定である。

OMAには各国から集まったおよそ100名の建築家とデザイナーが勤務している。スタッフは頻繁に入れ替わっており、それが新たな情報入手と専門性の源となる。また、その一貫性は、この事務所に長年関わり、プロジェクトと特別の関わりをもつ少数のプロジェクトリーダーたちによって保持されている。建築家、デザイナー、CAD制作者、模型制作者、グラフィックデザイナーたちは互いに密接なコラボレーションを行っており、各々のプロジェクトに精通したコンサルタントが、デザインプロセスの最初の段階からプロジェクトに参加している。建設作業においては、地元のスタッフとロッテルダムのスタッフで編成されるチームが現場で活動する。現在OMAは、世界中の主要な建築事務所のひとつに数えられている。

AMO

1990年代に〈ユニバーサル本社ビル〉のデザインを手掛けた際、OMAはメディア世界を巻き込み、ヴァーチャルな領域の重要性を高めるような大変革に初めて遭遇した。

　この経験により、レム・コールハースとOMAは、調査とヴァーチャルな領域における活動を専門とする新会社、AMOを設立した。OMAが建築プロジェクトの実現に専念する一方、AMOは純粋に建築的な思考を用いて、組織やアイデンティティ、文化、プログラムの問題を問うとともに、現代の状況を最大限に活用する方法（概念的なものから実際的なものまで）を定義する。AMOが具現化するのは、OMAのプロフェッショナルな経験とハーヴァード大学デザイン大学院からもたらされる知識である。

　AMOとOMAはしばしば共通のクライアントのために同時並行で活動し、建物のデザインが進行している間、AMOは組織やアイデンティティの部分に関わる特別な作業を行う。プラダはこうした同時並行による活動の産物であり、OMAがニューヨーク、サンフランシスコ、ロサンゼルスの各店舗を設計し、AMOが店舗内の情報テクノロジーやウェブサイト、メディアコンテンツを担当した。このプロジェクトはさらに、プラダの広告キャンペーンや包括的なビジネスコンサルティングにも及んでいる。AMOはまた、技術革命が現代社会に及ぼす影響を考察する雑誌『ワイアード』の構想時からのコンサルタントでもある。最近のAMOの活動としては、欧州委員会が企画した視覚コミュニケーションのブレーンストーミングへの参加がある。

出版物
Bibliography

■ *Content,* by OMA-AMO/Rem Koolhaas/&&&, edited by Brendan McGetric, Köln 2003.

■ *Harvard Design School Guide to Shopping,* Köln 2001.

■ *Harvard Design School Great Leap Forward,* Köln 2001.

■ *OMA/AMO Rem Koolhaas Projects for Prada Part 1,* Milan 2001.

■ *OMA: S, M, L, XL,* together with the Canadian graphic designer Bruce Mau, Rotterdam/New York 1995.

■ *Delirious New York: A Retrospective Manifesto for Manhattan,* New York 1978. Reprinted in 1994 by 010 Publishers, Rotterdam.
（本書はドイツ語、日本語、フランス語、イタリア語に翻訳されており、まもなくポルトガル語版、スペイン語版が刊行予定である。邦訳はレム・コールハース著、鈴木圭介訳『錯乱のニューヨーク』筑摩書房、1995年）

主な関連文献

Selected Publications

- *A+Universal,* January, 2001.
- *New York Times Magazine,* July 9 th, 2000.
- *Wired Magazine,* June 2000.
- *Time Magazine,* December 21, 1998.
- *Arch+,* no. 132, June 1996.
- *El Croquis,* no. 79, 1996.
- *L'Architecture d'Aujourd'hui,* no. 280, April 1992.
- *El Croquis,* no. 53, March 1992.
- Jacques Lucan, *OMA/Rem Koolhaas,* New York 1991.
- Patrice Goulet, *Six Projets,* Paris 1990.
- Patrice Goulet, *Lille,* Paris 1990.
- *L'Architecture d'Aujourd'hui,* no. 238, April 1985.

- 「レム・コールハース　変動する視座　OMA・AMO・ハーバードリサーチ　最前線ドキュメンタリー」『建築文化』２００３年４月号
- 「work@OMA. a+u　レム・コールハース」『a+u』２０００年５月号臨時増刊
- 『建築文化』１９９９年２月号
- 「KOOLHAAS/OMA:A - Z」『建築文化』１９９５年１月号

その他の主な日本語文献

Other Selected Publications in Japanese

- 『行動主義　レム・コールハース　ドキュメント』瀧口範子著、ＴＯＴＯ出版、２００４年
- 「OMA／レム・コールハース　OMA/Experience©」『a+u』２００３年11月号
- 『ミューテーションズ』ＴＮプローブ、２００１年
- 『OMA／レム・コールハースのジェネリック・シティ』ＴＮプローブ、１９９５年
- 「レム・コールハース」『a+u』１９８８年10月号

プロジェクト歴

1970▶

■ **エクソダス、あるいは建築の自発的な囚人**｜Exodus, or the Voluntary Prisoners of Architecture｜1972年｜ロンドン、AAスクールにおける最終プロジェクト｜*Casabella*誌のコンペ「有意義な環境としての都市」に参加、1等を受賞

■ **プールの物語**｜The Story of the Pool｜1976年｜アメリカ、ニューヨーク

■ **『錯乱のニューヨーク』**｜*Delirious New York: A Retrospective Manifesto for Manhattan*｜レム・コールハース著 Oxford University Press刊｜1978年｜重版、010 Publishers, ロッテルダム｜1994年｜ドイツ語訳、日本語訳、フランス語訳あり（邦訳はレム・コールハース著、鈴木圭介訳『錯乱のニューヨーク』筑摩書房、1995年）

1980▶

■ **オランダ・ダンス・シアター、プロジェクトII**｜Netherlands Dance Theater, Project II｜オランダ、ハーグ｜1984年（1987年竣工）｜オランダのモダンダンスカンパニーのための公演およびリハーサル用施設

■ **ヴィラ・ダラヴァ** | Villa Dall'Ava | 1984年(1991年竣工) | フランス、パリ、サン・クルー | 3人家族のための「グラス・ハウス」。ルーフトップのプールからはエッフェル塔が見渡せる | アーキテクチュール・デュ・モニトゥール賞受賞

■ **クンストハル** | Kunsthal | 1987年(1992年竣工) | オランダ、ロッテルダム | 3つの展示室を有する企画展示ホール(7,000平方メートル)

■ **ユーラリール:国際ビジネスセンター** | Euralille: Centre International d'Affaires | 1988年(フェーズI、1994年竣工　フェーズII、2005年竣工予定) | フランス、リール | 基本計画および建築監督 | ジャン・ヌーヴェル&エマニュエル・カターニ(ユーラリール・センター) | ジャン&マリー・デュテイユル(リール・ヨーロッパ駅) | クロード・ヴァスコーニ(ワールド・トレード・センター) | クリスチャン・ド・ポルザンパルク(クレディー・リヨン・タワー) | フランソワ&マリー・ドゥレー(フォースター・ホテル) | アンプランント(都市公園) | アントワーヌ・ベアル、リュドヴィック・ブランカルト(補完的インフラストラクチャー) | アントニオ・ガウディ賞、オリンピック賞受賞(1992年)

■ **シーターミナル** | Sea Terminal | 1989年 | ベルギー、ゼーブリュッヘ | コンペ案、1等受賞 | 海峡フェリーの発着・到着場。国際会議場、税関、カジノ、娯楽施設を併設

1990▶

■ **コングレスポ(リール・グラン・パレ)** | Congrexpo(Lille Grand Palais) | 1990年(1994年竣工) | フランス、リール | ユーラリールマスタープランの一部。会議場(18,000平方メートル)、ゼニス・ロックシアター(7,850平方メートル)、エクスポ(3つの空間に分割可能なスペース、20,000平方メートル)、駐車場(1,500庫)がある。

■ **エデュカトリアム** | Educatorium | オランダ、ユトレヒト | 1992年(1997年竣工) | 10,000平方メートルに及ぶ、学術用の多目的施設。食堂(1,000人収容)、オーディトリアム(400-500人収容)、複数の試験場

（各々１５０人、２００人、３００人収容）

■ **オランダの家** | Dutch House | １９９２年（１９９３年竣工） | オランダ | 居住者２名と下宿者３名のための個人住宅（５１７平方メートル）

■ **ジュシューのふたつの図書館** | 2 Bibliothèques de Jussieu | １９９３年 | フランス、パリ | コンペ案、１等受賞 | 人文学図書室（８、０００平方メートル）、科学図書室・調査室（１０、０００平方メートル）、受付・パブリックスペース（１、０００平方メートル）、ルロジエマン（３、０００平方メートル）、駐車場（３、７００平方メートル）

■ **ボルドーの家** | Maison à Bordeaux | １９９４年（１９９８年竣工） | フランス | ５人家族のための個人住宅（５００平方メートル） | Time誌の１９９８年最優秀デザイン、レケール・ダルジャン賞受賞

■ **アルメア計画** | Almere Master Plan | １９９４年（２００５年竣工予定） | オランダ、アルメア | 干拓地に建設された都市アルメアのマスタープラン。１、１００の住宅ユニット、駐車場（４、３００台）、レジャー施設（９、０００平方メートル）、シアター（８、０００平方メートル）、ポップ／コンサートホール（２、０００平方メートル）、図書館（８、０００平方メートル）、美術学校（７、０００平方メートル）、病院増築部分（３２、０００平方メートル）および付属駐車場（６００台）、オフィス（１３０、０００平方メートル）、アルメア駅増築部分、ホテル（１００室）、商業地区（５３、０００平方メートル）、ウォーターフロント（１キロメートル）、インフラストラクチャーから成る

■ **ユニバーサル・シティ** | Universal City | １９９５年 | アメリカ、ロサンゼルス | マスタープランおよび本社ビルの計画案

■ **『S, M, L, XL』** | *S, M, L, XL* | レム・コールハース、ブルース・マウ共著、010 Publishers（ロッテルダム）およびMonacelli Press（ニューヨーク）刊 | １９９５年 | 全１３４６ページ。アメリカ建築家協会ブック・アワード受賞（１９９７年）

■ **ＩＩＴ** | IIT | １９９７年（２００３年竣工） | アメリカ、シカゴ | イリノイ工科大学キャンパスセンター。コンペ１等案

（10，700平方メートル）

■ **在ベルリン・オランダ大使館**｜Netherlands Embassy｜1997年（2003年竣工）｜ドイツ，ベルリン｜総面積8，500平方メートル。オフィス（4，800平方メートル），住居部分（1，500平方メートル），駐車場（2，200平方メートル）

■ **アルメア・ブロック6**｜Almere Block 6｜1998年（建設中）｜オランダ，アルメア｜マルチプレックスシネマ（5，050平方メートル），ショッピングセンター（2，600平方メートル）のデザイン

■ **MABタワー**｜MAB-Tower｜1998年｜オランダ，ロッテルダム｜複合タワー。オフィス（40，000平方メートル），住宅（30，000平方メートル），ホテル（10，000平方メートル），商業多目的地区（13，000平方メートル），駐車場（7，000平方メートル）

■ **シアトル公立図書館**｜Seattle Public Library｜1999年（2004年竣工）｜アメリカ，シアトル｜シアトルの新中央図書館（33，000平方メートル）

■ **カーサ・ダ・ムジカ**｜Casa da Musica｜1999年（2004年竣工）｜ポルトガル，ポルト｜コンサートホール。コンペ1等案。大オーディトリアム（1，500席），小オーディトリアム（350席），そのほかの施設がある

■ **プラダ・エピセンター・ブロードウェイ**｜Prada Epicenter Broadway｜1999年（2001年竣工）｜アメリカ，ニューヨーク｜イタリアのアパレル会社プラダのためのプロジェクト。ショッピングに関する調査とプラダ・ブランドの新しいコンセプトの追求をもとに，アメリカにある同社の3店舗を構築した

■ **プラダ・エピセンター・ビバリーヒルズ**｜Prada Epicenter Beverly Hills｜1999年（2004年竣工）｜アメリカ，ロサンゼルス

■ **プラダIT**｜Prada IT｜1999年｜実験的かつ顧客サービスを目的としたインストア・テクノロジー。店舗で行われる作業の効率化を図るとともに，店舗にオーラをもたせるよう設計されている

2000▶

■ **アスター・ホテル** | Astor Hotel | ２０００年 | アメリカ、ニューヨーク | ヘルツォーク＆ド・ムーロンとの共作による計画案

■ **グッゲンハイム・エルミタージュ美術館** | Guggenheim Hermitage | ２０００年（２００１年竣工） | アメリカ、ラスベガス | ギャラリー、ブックストア、ギフトショップから成る（４６０平方メートル）

■ **グッゲンハイム・ラスベガス美術館** | Guggenheim Las Vegas | ２０００年（２００１年竣工） | アメリカ、ラスベガス | ヴェネチアン・ホテルのカジノから直接アクセスできる美術館（２、８００平方メートル）

■ **ブリュッセル（ヨーロッパ新首都）** | Brussels, Capital of Europe | ２０００年 | ベルギー、ブリュッセル | アイデンティティ構築に関するプロジェクト

■ **ＣＣＣ** | CCC | ２０００年（２００５年竣工予定） | スペイン、コルドバ | 会議場

■ **ＬＡＣＭＡ** | LACMA | ２０００年（２００６年竣工予定） | アメリカ、ロサンゼルス | ロサンゼルス・カウンティー美術館

■ **ホイットニー美術館増築計画** | New Whitney | ２０００年（２００６年竣工予定） | アメリカ、ニューヨーク

■ **ハーグ都市再開発** | Koningin Julianaplein | ２００２年 | オランダ、ハーグ | コンペ案 |

■ **ＣＣＴＶ（中国中央電視台本社ビル）** | CCTV | ２００２年（２００８年竣工予定） | 中国、北京 | 中国中央電視台の新社屋。５５３、０００平方メートル。北京の新たな中央ビジネス地区に建設される３００のタワーのひとつ

ハムレット

執筆者紹介

アーロン・ベツキー
Aaron Betsky

建築家、建築史家、建築批評家。現在、オランダ建築博物館（Netherlands Architecture Institute, 略称 NAI）のディレクターを務める。１９９５-２００１年、サンフランシスコ近代美術館にて建築、デザイン、デジタル・プロジェクトのキュレイターを務める。主著に *Landscapers*（Thames and Hudson, 2002）, *Architecture Must Burn*（Thames and Hudson, 2000）, *The Houses of Max Palevsky*（Rizzoli, 2002）がある。

イアン・ブルマ
Ian Buruma

ニューヨークのバード・カレッジ教授（Luce Professor of Human Rights and Journalism）。オランダ人の父とイギリス人の母の間にオランダで生まれる。オランダと日本で教育を受け、長年アジアに滞在した。過去にワシントンのウッドロー・ウィルソン人文科学協会フェローを務める。主著に *God's Dust: A Modern Asian Journey, Behind the Mask,*

The Wages of Guilt: Memories of War in Germany and Japan(邦訳は石井信平訳、『戦争の記憶――日本人とドイツ人』ＴＢＳブリタニカ、１９９４年)、*The Missionary and the Libertine : Love and War in East and West*(邦訳は石井信平訳、『イアン・ブルマの日本探訪――村上春樹からヒロシマまで』、ＴＢＳブリタニカ、１９９８年)がある。小説家としても活躍し、*Playing the Game*は、イギリスでクリケットの選手となったインドの王子の人生を描いた伝記フィクションである。最近の小説に *Bad Elements, Inventing Japan*などがある。

オクウィ・エンヴェゾー

Okwui Enwezor

「ドクメンタ11」のアーティスティック・ディレクター、第2回ヨハネスブルク・ビエンナーレ・ディレクター、シカゴ美術館現代美術部門副キュレイターを歴任。*Nka: Journal of Contemporary African Art*(Cornell University, Ithaca)の発起人および発行者でもある。主著に *Under Siege: Four African Cities, Freetown, Johannesburg, Kinshasa, Lagos* がある。現在、ピッツバーグ大学建築・美術史学部客員教授。

H・J・A・ホフランド

H.J.A. Hofland

*NRC Handelsblad, De Groene Amsterdammer*に寄稿するコラムニスト。アメリカのジョーンズタウン、ペンシルヴァニア、ニューヨークのマンハッタンに長期間滞在した。長文のエッセイ(*Tegels lichten, De élite verongelukt, Het voorgekookt bestaan*など)、紀行文(*De wording van het Wilde Oosten*など)、小説(*De Alibicentrale, Man van zijn eeuw*など)を刊行したほか、ハンス・ケラーとともにテレビのドキュメンタリー番組(*Nederland 1938-1948, Vast-beraden maar soepel en met mate*など)を制作。２００１年にマーストリヒト大学から名誉博士号を授与された。

ニール・リーチ

Neil Leach

建築家，理論家。ロンドンのAAスクール，ニューヨークのコロンビア大学を初め，現在に至るまで多数の機関で教鞭を執る。主著に *The Anaesthetics of Architecture*（MIT, 1999），*Millennium Culture*（Ellipsis, 1999）），*Camouflage*（刊行予定），*The Politics of Space*（刊行予定），*Forget Heidegger*（Paideiaより刊行予定），*Marspants*（共著，*Architecture Foundation*, 2000），*Rethinking Architecture*（編著，Routledge, 1997），*Architecture and Revolution*（編著，Routledge, 1999），*The Hieroglyphics of Space*（編著，Routledge, 2002），*Designing for a Digital World*（編著，Wiley, 2002），*Digital Tectonics*（共編，Wileyより刊行予定），*On the Art of Building in Ten Books*（L.B.Albertiとの共訳，MIT, 1988）などがある。

マシュー・スタドラー

Matthew Stadler

小説家，編集者。アメリカ，オレゴン州アストリア在住。オランダに2年間滞在し，同地で *Wiederhall*誌に寄稿したほか，デルフトとロッテルダムで開催された会議において研究発表を行う。1994年の論文 'I Think I'm Dumb' は，アメリカ西海岸およびレム・コールハースのマニフェスト「ビッグネス」についての考察であり，ウェブ・ページ *The Raven Chronicles*で閲覧できる（http://www.ravenchronicles.org）。また，*Clear Cut Press*の発起人のひとりでエディターでもあり，*Nest Magazine*の文芸エディターでもある。

マイケル・ブルース・スターリング

Michael Bruce Sterling

SF小説家、ジャーナリスト。最初のSF小説 *Man-Made Self* は1976年に刊行された。1980年代には、ウィリアム・ギブスン、ジョン・シャーリイ、ルーディ・ラッカーとともに「サイバーパンク」の旗手となる。当時、コピー機を使って作成したSFの同人誌 *Cheap Truth* を執筆、編集していた。同誌では、大勢の協力者とともに、当時確立されていたSFを茶化し、より活力があり文化的意味をもつ新しいSFのアプローチを模索した。数多くの著作や記事を執筆しており、最近の著作としては、政治と生物工学を扱った小説 *Distraction* (1998)、短編集 *A Good Old-Fashioned Future* (1999)(邦訳は小川隆訳、『タクラマカン』早川書房、1999年)、ミレニアムを舞台にしたポストモダン・ファンタジー *Zeitgeist* (2000)などがある。最新作 *Tomorrow Now: Envisioning the Next 50 Years* は、未来主義者の思索を扱ったノンフィクションの作品である。

バルト・フェルスハフェル

Bart Verschaffel

ゲント大学建築学部都市計画科およびアントワープ大学教授。美術史、建築史、文化哲学の分野で著作を出版しており、主な学術論文に、*De Glans der Dingen* (1989) ,*Architecture is(as) a gesture* (2001)などがある。

訳者あとがき

本書は、建築と視覚芸術の専門書を手掛けるロッテルダムの出版社、NAi Publishers（オランダ建築博物館出版）から２００３年に刊行された、Véronique Patteeuw編 *What is OMA: Considering Rem Koolhaas and the Office for Metropolitan Architecture* の全訳である。原書は、建築家レム・コールハースが率いる事務所「ＯＭＡ」とベルリン国立美術館群が共同で企画した展覧会「コンテンツ」（２００３年以降、ベルリンの新国立美術館他、世界各地を巡回）の開催にあわせて刊行され、ヨーロッパでは増刷となるほど、好評を博した。その第1の理由は、他者の視点からコールハースの活動を批評、分析した本書が多くの人々にとって、一見、ばらばらな断片のように見える彼の建築や陳述、リサーチを体系的に把握する手引きとなり得たためであろう。それはまさに本書が狙いとするところであり、さらにいえば、この本は建築分野はもとより、文化哲学、現代美術、SF小説など、建築以外の分野で活躍する執筆陣を擁することで、ポストモダンというボーダレスな視角においてコールハースをとらえることを試みた評論集であるともいえる。

各執筆者は、とりわけコールハースの主要な著述である『錯乱のニューヨーク』、「ジェネリック・シティ」、「ジャンクスペース」、「ビッグネス」、『S, M, L, XL』を出発点として、各々独特の視点からコールハースの真実を探ろうとする。ベツキーによれば、彼は新たな神話のつくり手としてのイメージ、情報の操作者であり、エンヴェゾーによれば、擬似的な民族誌学者である（その民族誌学的方法論については、マルク・オジェ『同時代世界の人類学』、森山工訳、藤原書店、2002年を参照されたい）。スタドラーは、コールハースをカフカの『審判』に登場する「K」、すなわち自らつくり出したプロットと空虚な現実に抗う「肉感的な存在」に見立てた。その肉感性はサンフランシスコ・ルネッサンス詩人J・スパイサーの詩に呼応し、W・J・オングが『声の文化と文字の文化』（桜井直文他訳、藤原書店、1991年）で記した口頭伝承に通じるものである。ブルマによる『S, M, L, XL』の書評は、コールハースと同様、アジア育ちのオランダ系西洋人としての筆者の視点が際立っており、SF作家スターリングの文章は、コールハースの頭脳AMOについての洒落た批評となっている。フェルスハフェルとリーチは、ともにＯＭＡの建築や出版物におけるフォルム、イメージの意義を考察し、とりわけ前者はＯＭＡの住宅を「マッス」と「ヴォイド」から成る現実を反映、あるいは拒絶する隠棲の場として論じた。さらに本書に収められた主に建築批評の論客による既出の著述の抜粋は、コールハースの理論に対する否定的な見解をも含むものであり、批評書としての本書の側面をより一層強化する役割を担っている。

なお、コールハースの著述や彼独特の用語を訳すにあたっては、できる限り既訳を参照し、『錯乱のニューヨーク』からの引用については、筑摩書房から刊行された鈴木圭介氏訳を使わせていただいた。また、ブルマのエッセイおよびヴィドラーの抜粋にも既訳があるが（イアン・ブルマ「天こそが限界だ」『Anyone』ＮＴＴ出版、１９９７年、およびアンソニー・ヴィドラー『不気味な建築』大島他訳、鹿島出版会、１９９８年）、編集の都合上、新たに訳したものを掲載した。

本訳書の刊行にあたっては多くの方のご協力を賜った。企画を実現してくださったＴＯＴＯ出版編集長の遠藤信行氏、不明瞭な訳語を丁寧に指摘してくださった同担当編集者の清水栄江氏に心からの謝意を捧げたい。また、コールハースへのオマージュとして魅力的な装丁とレイアウトを手掛けてくださったアートディレクターの小阪淳氏、デザイン事務所のＨＯＬＯＮにも深く感謝する。さらに、英語についての質問に快く応じてくれたクリストファー・スティヴンズ氏、オランダ語に関するご教示をいただいたオランダ大使館報道文化部の井上さゆり氏にこの場を借りて厚く御礼申し上げる。そして、編集者の伏見佳子氏は「コールハースの意義を若い建築家たちに伝えたい」という思いから本訳書の刊行を企画された。彼女の貢献に対して最大の賛辞を送るとともに、本書が日本におけるコールハース批評の新たな視座となることを望みたいと思う。

橋本啓子

はしもと・けいこ……デザイン史家、美術史家。1964年大阪府生まれ。慶應義塾大学文学部文学科英米文学専攻卒業、英国国立イースト・アングリア大学美術史音楽学科修士課程修了(専攻は、19-20世紀英国建築史、デザイン史)。前東京都現代美術館学芸員、前兵庫県立美術館学芸員。現在、神戸大学大学院総合人間科学研究科コミュニケーション科学専攻博士後期課程に在籍。
主著、主訳書に坂本満他編『世界美術大全集第17巻　バロック2』(共著、小学館、1995年)、高階秀爾編『美術史における日本と西洋』(共訳、中央公論美術出版、1995年)、ジューン・ローズ著『モディリアーニ』(共訳、西村書店、1997年)、V・M・ランプニャーニ他監修『世界の美術館　未来への架け橋』(共訳、TOTO出版、2004年)。